Concepts de Kabbalah
Concepts de base et avancés de Kabbalah

Rav Raphael Afilalo

Du même auteur:

La Kabbalah du Ari Z'al, selon le Ramhal
Editions Ramhal

Kabbalah Dictionary
Kabbalah Editions

Kabbalah Glossary
Kabbalah Editions

160 Questions sur la Kabbalah
Kabbalah Editions

Concepts de Kabbalah
Kabbalah Editions

© Tous droits réservés à R. Raphael Afilalo
Kabbalah Editions, 2008 – www.kabbalaheditions.com
www.kabbalah5.com
rav@kabbalah5.com
www.arizal.com

Afilalo, Raphael
Concepts de Kabbalah: Concepts de base et avancés de
Kabbalah/ Raphael Afilalo
p.cm.

ISBN 2923241207

1.Cabala. 2. Mysticism—Judaism. I. Afilalo, Raphael. II..
BM525. BM723 2005
296.1'6

A ma fille Deborah

Approbations

MORDECHAI ELIAHU
FORMER CHIEF RABBI OF ISRAEL & RICHON LEZION

מרדכי אליהו
הראשון לציון והרב הראשי לישראל לשעבר

בס"ד

APPROBATION

ב"ה

[handwritten text, largely illegible]

RABBI DAVID HANANIA PINTO
Rehov Bayit Vegan 37
Jerusalem Israel
Tel: (972-2) 643 3605
Fax: (972-2) 641 2945 · 643 3570

דוד חנניה פינטו
רחוב בית וגן 37
ירושלים · ישראל
טל 643 3605
פקס 026433570 026413951

בס"ד

בע"ה יום חמישי לסד "וישב" תשס"ו

שלום וברכה

המלצה

באתי בזאת להמליץ על הספר "*Kabalah Dictionary*"
(מילון הקבלה) שכתב הרב רפאל אפללו שליט"א. בספר הנ"ל
יש הגדרות ומונחים על קבלת הרמח"ל וזיע"א הכל מסודר
בצורה נאה ונוחה ללימוד ולעיון בו.

לאור ההמלצות הרבות שקיבל הספר, נשאר לי רק להמליץ
עליו בכל לב.

אני מברך בזכות אבותי הקדושים זיע"א את המחבר שליט"א
לברכה והצלחה ושיזכה להוציא מתחת ידיו עוד ספרים לזכות
הרבים ושיעלה מעלה בתורה וביראת שמים אמן

ע"ח דוד חנניה פינטו ס"ט

[signature]

כ"ק האדמו"ר
רבי חיים פינטו זיע"א
בנשיאות עליה
דוד חנניה פינטו
גן הורד כמוהו"ר
רם משה אהרן
פינטו זיע"א

וישיבת נפש חיים
כולל אורות חיים ומשה
כולל משכן בצלאל
רחוב בית וגן 97
ירושלים · ישראל

פנימית אורחות חיים ומשה

OHR HAIM VÉMOCHÉ
11, Rue Du Plateau
75019 Paris · France
Tel: (33-1) 42 08 25 40
Fax: (33-1) 42 08 50 85

YÉCHIVA PINTO
20 Bis, Rue Des Mûriers
69100 Villeurbanne
France
Tel: (33-4) 78 03 89 14
Fax: (33-4) 78 68 88 45

JERUSALEM · ASHDOD · PARIS · LYON · MONTREAL · TORONTO · BUENOS AIRES · MANCHESTER

הרבנות הראשית רמלה
לשכת הרב אבוחצירא רחוב גולומב 25 רמלה טל 08-9225360
YEHIEL ABUHSSERA
Grand Rabbin de Ramleh
B.P.4 Ramleh
(ISRAEL)

רחוב הרצל 48 ת.ד 4 רמלה טל. בית 08-9221122

בס"ד

אגרת הוד

[handwritten text, largely illegible]

בברכת התורה ולומדיה
יחזאל אבוחצירא
הרב הראשי לרמלה

[signature]

DAVID R. BANON
RABBIN DU CENTRE SÉFARADE DE LAVAL
MEMBRE DU BEITH DIN DE MONTRÉAL

דוד רפאל באנון
רבן ביח הקהלה הספרדית בלאוואל
וחבר דומ...

בס"ד

[handwritten text, largely illegible]

ע"ח דוד רפאל באנון

[signature]

Table des matières

Introduction

Le but de ce livre est de fournir une image véritable de la Kabbalah authentique. L'étude de la Kabbalah implique une bonne compréhension de son idée générale, aussi bien que de ses concepts. La Kabbalah nous explique, souvent allégoriquement, le début de la création, les systèmes dynamiques qui sont mis en place pour interagir avec l'homme, ainsi que ceux qui font la direction des mondes. Ces systèmes nous font comprendre le but de nos actions, leurs interactions avec les dimensions supérieures, ainsi que les messages et significations cachés dans la *Torah*.

Il y a différents niveaux de service et de rapprochement au Créateur. Dans la religion juive, il y a beaucoup de types de prières et d'actes physiques à accomplir régulièrement, ainsi que de nombreux commandements - *Mitsvot*. Avec une compréhension plus approfondie des raisons et des buts de toutes ces actions, on peut certainement arriver à un plus haut niveau de service et de proximité au Créateur. Cependant, ce niveau ne peut être atteint rapidement et sans un investissement sérieux en études et méditation sur cette profonde connaissance qu'est la Kabbalah.

Dans ce livre, le lecteur trouvera la plupart des concepts de base ainsi que d'autres plus avancés, afin d'être sur le bon chemin pour véritablement comprendre la Kabbalah. J'ai également ajouté un glossaire de termes et un dictionnaire d'acronymes souvent trouvés dans le Zohar et d'autres textes de Kabbalah.

J'espère sincèrement que ce travail aidera à clarifier ces concepts et être une bonne contribution à la compréhension de ce qu'est la véritable Kabbalah.

« Béni êtes vous D., enseignez moi vos statuts »
(Tehilim, 119, 12).

La Kabbalah

La Kabbalah est l'explication mystique et ésotérique de la *Torah*. Elle enseigne le déploiement des mondes, les diverses sortes de direction de ces mondes, le rôle de l'homme dans la création, la volonté du Créateur et plus encore. Aucun autre écrit n'explique en détails la création de ce monde et de ceux au-dessus de lui, les lumières ou énergies qui influencent sa direction, ni l'objectif final de tout. Ces écrits sont basés sur d'anciens textes juifs et principalement sur le Zohar.

La Kabbalah nous enseigne que le monde est guidé par un système extrêmement complexe de forces ou lumières, qui par leurs interactions provoquent des réactions en chaîne qui influent directement sur l'homme et les mondes. Chacune de ces réactions a de nombreuses ramifications, avec beaucoup de détails et résultats. Elle nous explique la véritable direction du monde, afin que nous puissions comprendre la volonté de D.. Comment et pourquoi Il a créé le monde, de quelle manière Il le dirige, la provenance des âmes et des anges, le but de l'existence du mal, les raisons du dualisme de récompense et punition, etc.

Le mot Kabbalah provient du verbe *Lekabel* (recevoir), mais pour recevoir il est d'abord nécessaire de vouloir, et de devenir un *Kéli* (récipient) capable de recevoir et de contenir cette connaissance. La Kabbalah nous démontre également l'importance de l'homme, car seulement lui, en se rapprochant de son créateur, peut influencer ces incroyables forces. Pour cela, il faut s'élever à une dimension plus haute de compréhension, et commencer à se poser certaines questions très importantes tel que ; « Pourquoi », « quel est le but de faire cet acte ou cette prière », « quels sont les résultats de mes actions » etc.

Les autres écrits nous expliquent dans les moindres détails « comment » faire, mais seulement le Zohar et la Kabbalah nous expliquent les raisons et les effets de toutes nos prières et actions.

Je crois que la plupart aspirent à servir de leur mieux le Créateur, mais ont été accoutumés à exécuter et ne pas chercher plus loin, ou ont été maintenus éloignés de cette connaissance. Il est maintenant temps de connaître et d'apprendre cette magnifique science, tel qu'il est écrit et recommandé :
« De là, vous chercherez le Seigneur votre D., et vous le trouverez si vous le cherchez avec tout votre coeur, et avec toute votre âme. » (Devarim 4.29)

« Celui, qui pouvait apprendre les secrets de la *Torah* (Kabbalah) et n'a pas fait l'effort de les comprendre, sera sévèrement jugé »
(Even Shelomo 85, 24). - HaGra, HaGaon Rabbin Eliyahu de Vilna

Toutes les âmes de ce monde qui feront l'effort de connaître leur Créateur par ses écrits secrets (Kabbalah), monteront plus haut que toutes les autres âmes qui n'ont pas appris et n'ont pas compris, et seront les premières à l'heure de la résurrection. (Zohar, Vayeshev, 182, 2)

L'homme qui apprend la Kabbalah est supérieur aux autres. (Zohar, Shemini, 42, 1)

Celui qui apprend la Kabbalah afin de comprendre les secrets de la *Torah* et le but des *Mitsvot* selon le Sod (secret), est appelé un « fils » du Seigneur. (Zohar, Vayera)

Et en conclusion, l'obligation très claire dans la *Torah* « de savoir, maintenant » et de ne pas simplement croire :

"וידעת היום והשבת אל-לבבך כי יהו-ה הוא האלה-ים בשמים ממעל ועל-הארץ מתחת אין עוד"

« Sache à présent et imprime-le dans ton cœur, que l'Eternel seul est D., dans le ciel en haut comme ici bas sur la terre, qu'il n'en est point d'autres. »
(Devarim, 4.39)

15

Chapitre 1

CRÉATION

Au commencement, il n'y avait aucune autre existence, le Créateur était seul, occupant tout l'espace avec Sa lumière. Sa lumière étant d'une telle sainteté et intensité, rien ne pouvait exister dans sa proximité. Quand Il décida de créer, Il dû en premier créer une certaine distance de Sa lumière afin de permettre une possibilité d'existence aux êtres séparés.

Tsimtsoum - rétraction

Au commencement, il n'y avait aucune existence exceptée sa présence ; le Créateur était seul, occupant tout l'espace avec Sa lumière. Sa lumière, sans extrémités, frontières ou limites, remplissait tout. Il n'accordait pas Son influence car il n'y avait personne pour la recevoir. Quand Il décida de créer; Il commença à influencer. Sa lumière étant d'une telle sainteté et intensité, il n'était pas possible d'exister dans sa proximité.

Le « Tsimtsoum » est le premier acte du 'Ein Sof (infini) dans la création. C'est la rétraction de Sa lumière d'un certain espace et l'encerclant, afin de réduire son intensité et permettre aux êtres créés d'exister. Après cette contraction, un rayon de Sa lumière entra dans cet espace vide et forma les premières Séphirot.

Par ces frontières, Il révéla les concepts de rigueur et limite requises pour les êtres créés et donna un espace pour tout créé d'exister.

'Hallal - Espace vide

Après le Tsimtsoum (rétraction) de Sa lumière, un espace vide appelé 'Hallal fut laissé au centre de cette nouvelle création - un espace sans Sa pleine présence. Cet espace circulaire contient toutes les possibilités d'existence pour les entités séparées, étant donné qu'elles sont maintenant distancées de l'intensité de Sa lumière. Voir Fig. 1

19

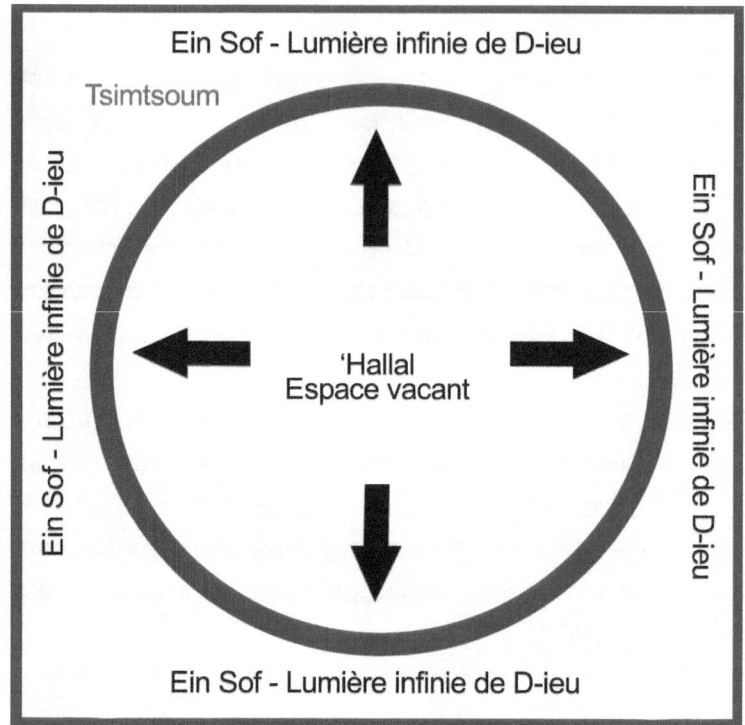

Fig. 1 *Tsimtsoum – 'Hallal*

Reshimou - Empreinte

Quand Sa lumière se rétracta pour former cet espace circulaire, une empreinte de cette lumière originale demeura à l'intérieur. Cette lumière de moindre intensité permi un espace d'existence (*Makom*) pour tous les mondes et êtres créés.

La racine de toute existence et événement futur est dans cette empreinte. Rien ne peut venir à exister sans y avoir d'abord sa racine. La combinaison et union de cette empreinte de la lumière originale et du *Kav* - rayon de Sa

20

lumière directe, seront l'origine de tous les futurs mondes et existences. *Voir fig. 2*

Kav - Rayon

Un rayon de Sa lumière directe appelée « *Kav* » émergea du *Ein Sof* (infini) et entra par un côté de cet espace vacant, là ou se trouvait toujours une empreinte de la lumière originale. Le *Kav* qui représente le masculin et l'empreinte, le féminin, donneront maintenant ensemble existence aux mondes et aux divers systèmes de *Séphirot* avec lesquels Il dirigera ces mondes.

Il y a deux principaux systèmes de direction des mondes : un pour la direction générale ; en charge de la nature et des événements normaux, et un pour les hommes, influencé par leurs actes et par le temps.

Après avoir pénétré l'espace vide, le *Kav* fit dix *Séphirot* circulaires s'encerclant l'une à l'autre - (*Séphirot* encerclantes) en charge de la direction générale des mondes. Tout en gardant sa forme rectiligne, il fit également dix *Séphirot* dans un arrangement linéaire - (*Séphirot* droites) en charge de la direction des mondes selon l'arrangement de '*Hesed*, *Din* et *Ra'hamim* – Bonté, rigueur et miséricorde, qui fait la direction équilibrée de cette existence.

Le *Kav* est la racine de la direction des mondes et l'intériorité profonde de toute la création. *Voir fig. 2*

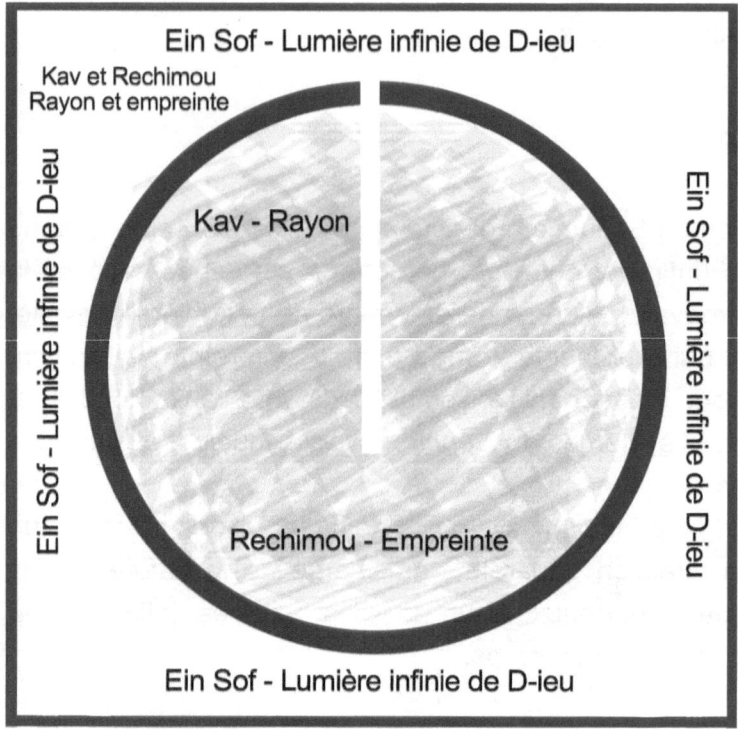

Fig. 2 – Kav et Réchimou

Séphirot encerclantes

Les dix *Séphirot* circulaires s'encerclent dans l'espace vide une à l'intérieur de l'autre. La première *Séphira Keter* encercle la *Séphira 'Hokhma*, qui elle encercle la *Séphira Binah* et ainsi de suite jusqu'à ce que la *Séphira Yesod* encercle la dernière *Séphira* de *Malkhout*.

Ces dix *Séphirot* circulaires sont en charge de la direction générale du monde, sa subsistance, les événements normaux de la nature, ainsi que la vie végétale et animale. Cette direction n'est pas influencée par les actions des hommes. *Voir Fig. 3*

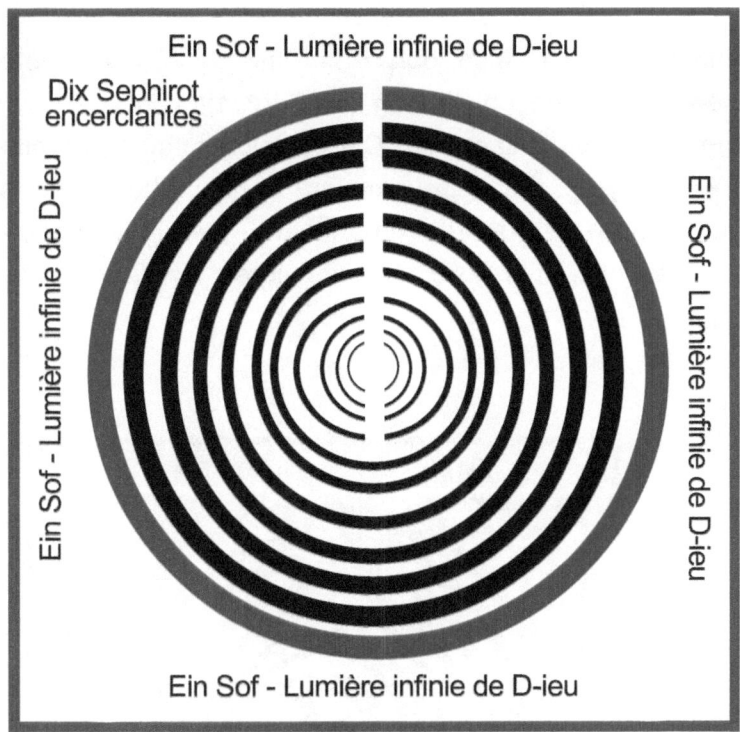

Fig. 3 – Séphirot encerclantes

Séphirot linéaires

Le *Kav* (rayon) ayant maintenu sa forme droite fit dix autres *Séphirot*, mais cette fois-ci dans un arrangement linéaire. Ces dix *Séphirot* droites furent arrangées en trois colonnes : droite, gauche et centrale, ceci étant le modèle dynamique

23

pour la direction du monde. Chacune de ces trois colonnes représente une des trois forces principales qui font la direction : bonté, rigueur, et l'équilibre des deux, miséricorde.

La première configuration, ou premier monde où les lumières émanées ont été façonnées en dix *Séphirot* s'appelle *Adam Kadmon* (Homme primordial). C'est l'union entre l'empreinte et le *Kav* (rayon). De cette première configuration, tous les autres mondes d'*Atsilout* (émanation), *Beriah* (création), *Yetsirah* (formation) et '*Asiah* (action) vinrent à exister.

Voir Fig 4

Fig.   4

Chapitre 2

SEPHIROT

*La lumière de D. est unique et de force et qualité égales.
Une Séphira est en quelque sorte un « filtre » qui transforme
cette lumière en forces ou attributs particuliers, par lesquels
le Créateur guide les mondes.*

Séphira

La lumière de D. est unique et de force et qualité égales. Une *Séphira* est en quelque sorte un « filtre » qui contient et transforme une certaine partie de cette lumière en force ou attribut particulier. Une *Séphira* est la manière par laquelle le Créateur révèle une partie, ou un attribut de Sa volonté dans la création. La lumière se divise en dix gradations différentes de son émanation originale, chacune avec ses propres qualités, caractéristiques et actions.

Le système des *Séphirot* est l'un des éléments principaux étudiés dans la Kabbalah. Il décrit et explique avec précision et nombreux détails les manifestations et émanations de la lumière de D. qui font la direction des mondes.

Chaque *Séphira* se compose d'un récipient appelé *Kéli*, qui contient sa partie de lumière appelée *Or*. Il n'y a aucune différence dans la lumière elle-même, puisque c'est une partie de la lumière originale; la différence vient de la particularité, ou de la position de la *Séphira*.

Les *Séphirot* linéaires sont arrangées en trois colonnes: droite, gauche et milieu, représentant la direction du monde actuel selon les qualités de bonté, rigueur et miséricorde. Du côté droit est la colonne de bonté, du côté gauche, la colonne de rigueur et au milieu, la colonne de miséricorde qui fait l'équilibre entre les deux autres colonnes. Cet arrangement de dix *Séphirot* est le concept de tout créé, puisque que tout ce qui existe est composé de dix énergies. *Voir Fig. 5*

Il y a dix *Séphirot*, leurs noms sont :

Keter	Couronne	**Tiferet**	Beauté
'Hokhma	Sagesse	**Netsa'h**	Gloire
Binah	Discernement	**Hod**	Splendeur
'Hesed	Bonté	**Yesod**	Fondation
Gevourah	Rigueur	**Malkhout**	Royauté

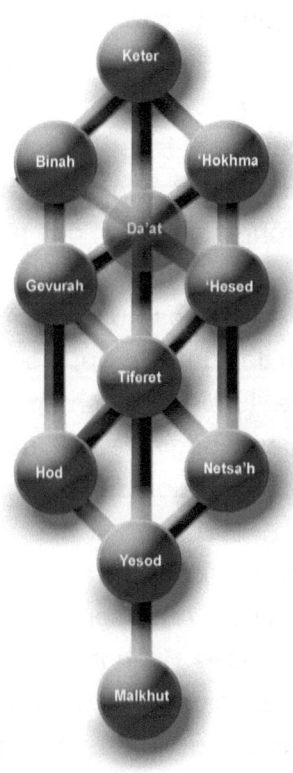

Fig. 5

Du côté droit : la colonne de bonté (*'Hesed*) avec les *Séphirot 'Hokhma, 'Hesed* et *Netsa'h*.

Au milieu : la colonne de miséricorde (*Ra'hamim*) avec les *Séphirot Keter, Tiferet, Yesod,* et *Malkhout*

Du côté gauche : la colonne de rigueur (*Din*) avec les *Séphirot Binah, Gevourah,* et *Hod*.

Il y a une *Séphira* de plus appelée *Da'at*, aussi dans la colonne de miséricorde, qui est comptée quand *Keter* ne l'est pas.

Keter

La première et plus importante *Séphira* est *Keter*. Elle est bonté pour tous, même au non-méritant. Telle une couronne sur la tête, ne faisant pas partie du corps, mais représentant plutôt la gloire qui est accordée à celui qui la porte. La *Séphira Keter* englobe toutes les autres *Séphirot* et représente la volonté divine ; sa première expression et manifestation.

Sa position est au-dessus de la colonne centrale, qui correspond à la miséricorde. À partir d'elle sont faits les deux *Partsoufim* - configurations les plus importantes : *'Atik Yomin* et *Arikh Anpin*.

Son nom correspondant est AHY- H – ה י– אה
Son *Milouy* (épellation) correspondant au nom : 'A V - עב
(72).
Le niveau d'âme associé à *Keter* est *Ye'hida*, le plus haut
niveau.
Sa correspondance physique est la tête.

'Hokhma

La deuxième *Séphira*, *'Hokhma* est également bonté pour
tous, même au non-méritant, mais moins que *Keter*, et non
en tout temps. *Keter* étant la volonté, *'Hokhma* est la
première manifestation de la pensée. C'est la conscience
initiale sous sa forme générale. Sa position est au-dessus
de la colonne droite, qui correspond à *'Hesed* (bonté). À
partir d'elle est fait la configuration *Abah*.

Son nom correspondant est YH - ה - י, et son *Milouy*
correspondant (épellation) du nom est 'AV - le 72) עב).
Sa correspondance physique est le cerveau droit et son
niveau correspondant de l'âme est *'Haya*.

30

Binah

La troisième *Séphira*, *Binah*, est bonté pour tous, même au moins méritant, mais c'est à partir d'elle que débute la rigueur. Après la conscience initiale dans *'Hokhma*, le rôle de *Binah* est de traduire cette pensée générale en mode cognitif prêt à être mis en action.

Sa position est au-dessus de la colonne gauche, qui correspond à *Gevourah* (rigueur). À partir d'elle est fait la configuration *Imah*. Son nom correspondant est ה-ו-ה-י YHV-H (mais avec les voyelles d'*Elokim*), et son *Milouy* (épellation) correspondant du nom est *SaG* (63) - סג.

Sa correspondance physique est le cerveau gauche et son niveau correspondant de l'âme est *Neshama*.

Da'at

C'est la quatrième des *Séphirot*, *Da'at* est comptée quand *Keter* ne l'est pas. Sa qualité est la direction qui fait l'équilibre entre *'Hokhma* et *Binah*.

Sa position est au centre de la colonne centrale, qui correspond à *Ra'hamim* (miséricorde).

Son nom correspondant est AHV-H - ה - אהו

Son rôle est principalement de faire les *Mo'hin* - forces directives pour les configurations *Z'A* et *Noukva*.

'Hesed

La quatrième *Séphira*, 'Hesed, est bonté complète mais à qui le mérite. C'est la qualité de toujours donner et sans limites, d'aimer, d'épandre vers l'extérieur afin d'aider et pardonner. Un excès de bonté devient négatif, car ne voulant pas punir, il pourrait permettre tout et n'importe quoi sans restriction.

Sa position est au milieu de la colonne droite, qui correspond au 'Hesed (bonté). Elle est une des Séphirot qui font la configuration Z'A.

Son nom correspondant est אל - 'EL

Son Milouy (épellation) correspondant du nom est MaH   מה 45)).

Sa correspondance physique est le bras droit et son niveau correspondant de l'âme est Roua'h.

Gevourah

La cinquième Séphira, Gevourah, est pleine rigueur à qui le mérite. C'est la qualité de restriction, de limitation et de sévérité. Elle limite l'excès de bonté de la Séphira 'Hesed, mais est toujours influencée par elle, heureusement, car une complète rigueur serait la destruction de tout ce qui n'est pas parfait.

Sa position est au milieu de la colonne gauche, qui correspond au *Din* (rigueur). Elle est une des *Séphirot* qui font la configuration *Z'A*.

Son nom correspondant est '*Elohi-m* - אלהי-ם

Son *Milouy* (épellation) correspondant du nom est *MaH* - מה 45)). Sa correspondance physique est le bras gauche, et son niveau correspondant de l'âme est *Roua'h*.

Tiferet

La sixième *Séphira*, *Tiferet*, est bonté et justice et fait l'équilibre entre les *Séphirot 'Hesed* et *Gevourah*, entre la pleine bonté et la rigueur. Elle est représentée comme le thorax d'un corps qui assemble et maintient tous les autres membres dans leur endroit respectif.

Sa position est au milieu de la colonne centrale, qui correspond à *Ra'hamim* (miséricorde). Elle est une des *Séphirot* qui font la configuration *Z'A*.

Son nom correspondant est YHV-K - י-ה-ו-ה

Son *Milouy* (épellation) correspondant du nom est *MaH* (45). Sa correspondance physique est le thorax, et son niveau correspondant de l'âme est *Roua'h*.

Netsa'h

La septième *Séphira*, *Netsa'h*, est bonté diminuée pour qui le mérite. Elle reçoit de la *Séphira Tiferet* cette nouvelle réalité mitigée provenant des *Séphirot 'Hesed* et *Gevourah* – Bonté et Rigueur, mais plus influencée par la Bonté étant située sur le coté droit.

Sa position est au-dessous de la colonne droite qui représente *'Hesed* – Bonté. Elle est une des *Séphirot* qui font la configuration Z'A.

Son nom correspondant est *YKVK Tsebaot*

י-ה-ו-ה צבאות

Son *Milouy* (épellation) correspondant du nom est *MaH* (45) (מה).

Sa correspondance physique est la jambe droite et son niveau correspondant de l'âme est *Roua'h*

Hod

La huitième *Séphira*, *Hod*, est rigueur diminuée pour qui le mérite. Elle reçoit également de la *Séphira Tiferet* cette nouvelle réalité mitigée entre les *Séphirot 'Hesed* et *Gevourah*, mais est plutôt influencée par la rigueur, étant située sur la colonne gauche.

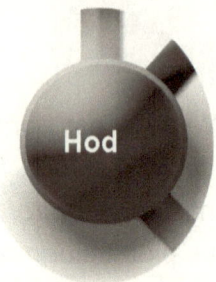

Sa position est au-dessous de la colonne gauche, qui correspond au DiN (rigueur). Elle est une des *Séphirot* qui font la configuration *Z'A*.

Son nom correspondant est *Elohi-m Tsebaot* – צבאות אלהי- ם

Son *Milouy* (épellation) correspondant du nom est *MaH* (45) (מה)

Sa correspondance physique est la jambe gauche et son niveau correspondant de l'âme est *Roua'h*.

Yesod

La neuvième *Séphira*, *Yesod*, fait l'équilibre entre les *Séphirot Netsa'h* et *Hod* pour la direction, et fait le lien ou le raccordement entre toutes les *Séphirot* supérieures et la *Séphira Malkhout*. C'est le point de convergence entre les dimensions supérieures et la dernière *Séphira Malkhout* qui, elle, reflétera les déversements d'énergie à l'homme et à la création.

Sa position est avant la dernière *Séphira*, au-dessous de la colonne centrale, qui correspond à *Ra'hamim* (miséricorde). Elle est une des *Séphirot* qui font la configuration *Z'A*.

Son nom correspondant est Shada- y ' - שד

Son *Milouy* (épellation) correspondant du nom est *MaH* (45) (מה). Sa correspondance physique est l'organe masculin, et son niveau correspondant de l'âme est *Roua'h*.

Malkhout

La dixième *Séphira*, *Malkhout*, traduit toutes les émanations supérieures qui sont canalisées par la *Séphira Yesod* en une qui sera reflétée à la création. C'est le lien ou le raccordement entre toutes les *Séphirot* supérieures et l'homme. Ce rapport est bi-directionnel, car tout ce qui est communiqué du bas vers les *Séphirot* supérieures ira en premier vers la *Séphira Malkhout*, et d'elle vers celles qui se trouvent au-dessus d'elle.

Sa position est au-dessous de la colonne centrale, qui correspond à *Ra'hamim* (miséricorde). Elle fait la configuration *Noukva*, divisée en deux *Partsoufim* - configurations: Ra'hel et Leah.

Son nom correspondant est Adona-y - אדנ - י

Son *Milouy* (épellation) correspondant du nom est *BaN* - בן (52).

Sa correspondance physique est la couronne sur l'organe masculin et son niveau correspondant de l'âme est *Nefesh*.

Chacune des dix *Séphirot* se compose de dix *Séphirot*, dont chacune se compose également de dix, et encore dix etc. *Voir Fig.6*

Tel que:

'Hesed de *Gevourah*, ou

Hod de *'Hesed* de *Gevourah*, ou

Yesod de *Hod* de *'Hesed* de *Gevourah* etc.

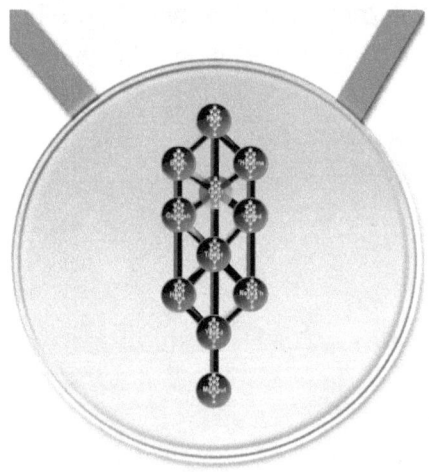

Fig. 6

Pour certains types d'actions, les *Séphirot* se divisent en groupes qui font trois triplets :

'HBD - *'Hokhma, Binah* et *Da'at*
'HGT - *'Hesed, Gevourah* et *Tiferet*
NHY - *Netsa'h, Hod* et *Yesod*

Le premier triplet de *Séphirot*, *'HBD* - *'Hokhma, Binah* et *Da'at*, agit en tant que niveau de direction le plus haut pour une configuration inférieure, et s'appelle *Mo'hin* de croissance. Il vient habituellement après les *'HGT* et *NHY*.

Le deuxième triplet de *Séphirot*, *HGT* - *'Hesed, Gevourah* et *Tiferet*, agit en tant que deuxième niveau de la force de direction – *Mo'hin* pour la configuration inférieure. Il vient habituellement après *NHY* et avant les *'HBD*.

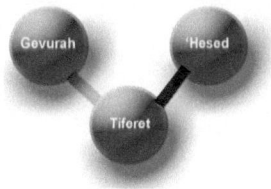

Le troisième triplet de *Séphirot*, *NHY - Netsa'h*, *Hod* et *Yesod* agit principalement comme la troisième ou force intérieure de la direction - *Mo'hin,* pour la configuration inférieure. Il vient et entre avant tous les autres, avant *'HGT* et *'HBD*.

Il y a également des configurations de une ou plusieurs *Séphirot* agissant en coordination, qui s'appellent *Partsoufim*.

Chapitre 3

ADAM KADMON

La première configuration, ou le premier monde où les lumières émanées ont été façonnées en dix *Séphirot*, se nomme *Adam Kadmon* (Homme primordial).

Adam Kadmon

Cette première configuration est le premier monde où les lumières émanées ont été façonnées en dix *Séphirot*. L'arrangement linéaire de trois colonnes - droite, gauche et milieu - représente la direction du monde selon les modes de bonté, rigueur et miséricorde. Cette première émanation est l'origine de toutes les futures émanations.

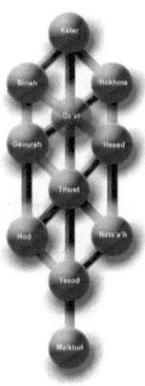

Adam Kadmon étant à une telle proximité du *Ein Sof*, nous ne pouvons rien saisir de sa nature. Notre compréhension ne débute qu'à partir des émanations qui sont sorties de lui à travers ses sens ; elles sont appelées, 'ses branches'.

Ces quatre branches métaphoriquement se nomment ; vue, audition, odorat et parole. Elles émanèrent de ses yeux, oreilles, nez, et bouche. Dans le langage de la Kabbalah, nous n'employons des noms de parties de corps seulement pour illustrer les puissances ésotériques de ces forces. On comprend, bien sur, qu'il n'y a aucune existence physique à ces niveaux. Quand nous disons oreilles, bouche, ou autre expression physique, le but est de décrire le sens intérieur, ou la position qu'ils représentent.

Pour identifier ces lumières ou émanations créatrices qui sont sorties d'*Adam Kadmon*, la Kabbalah les décrits selon le nom principal de D. ‏י-ה-ו-ה‎ , ainsi que les diverses lettres ajoutées pour faire ses différentes épellations.

Milouyim - Épellation

Ces forces ou énergies créatrices sont les différentes puissances investies dans les quatre lettres du nom de D. ‏י-ה-ו-ה‎ et les diverses épellations de chaque lettre. Chaque lettre hébraïque a une valeur numérique qui peut changer selon les différentes manières de l'épeler et ce faisant, le total de ce nom change soit ; 72, 63, 45 ou 52. Chacun de ces noms aura maintenant une identité et une action différente, dépendamment des lettres qui sont employées pour son épellation. Chacune de ces possibilités étant différente dans sa nature et ses actions.

Les lettres qui sont ajoutées pour les différentes épellations des lettres sont: ‏י ה ו א ד‎

Les différentes épellations des lettres sont comme suit :

• La lettre ‏י‎ (Yud) ne peut être épelée que d'une manière seulement ‏יוד‎

• La lettre ‏ה‎ (He) peut être épelée avec un ‏י‎ (Yud), un ‏א‎ (Aleph), ou un ‏ה‎ (He) ‏הה - הא - הי‎

44

• La lettre ו (Vav) peut être épelée avec un יו (Yud et Vav), ou avec או (Aleph et Vav), ou avec un des ו (Vav) ואו - ויו - וו

Les quatre *Milouyim* (épellations) sont : - בן, מה, סג, עב - 'AV, SaG, MaH, BaN

		ה	ו	ה	י		
'AV	עב	הי	ויו	הי	יוד		
		15	22	15	20	=	72
SaG	סג	הי	ואו	הי	יוד		
		15	13	15	20	=	63
MaH	מה	הא	ואו	הא	יוד		
		6	13	6	20	=	45
BaN	בן	הה	וו	הה	יוד		
		10	12	10	20	=	52

Chaque nom peut également être divisé et subdivisé :
'AV de 'AV, SaG de 'AV, MaH de 'AV ...
BaN de BaN de SaG, SaG de MaH de 'AV etc

עב	סג	מה	בן
'AV	**SaG**	**MaH**	**BaN**
'A'V	'A'V	'A'V	'A'V
SaG	SaG	SaG	SaG
MaH	MaH	MaH	MaH
BaN	BaN	BaN	BaN

Le nom de *'AV* est le plus haut niveau des quatre noms. Son *Milouy* est avec la lettre ' (Yud) pour un total de 72.

	ה	ו	ה	י
'AV עב	הי	ויו	הי	יוד
	15	22	15	20 = 72

Le Nom de *SaG* est le deuxième niveau des quatre noms. Son *Milouy* est avec la lettre ' (Yud) et א (Aleph) pour un total de 63.

	ה	ו	ה	י
SaG סג	הי	ואו	הי	יוד
	15	13	15	20 = 63

Le nom de *MaH* (45) est le troisième niveau des quatre noms. Son *Milouy* est avec la lettre א (Aleph) pour un total de 45.

	ה	ו	ה	י
MaH מה	הא	ואו	הא	יוד
	6	13	6	20 = 45

Le nom de *BaN* (52) est le quatrième niveau des quatre noms. Son *Milouy* est avec la lettre ו (Vav) pour un total de 52.

	ה	ו	ה	י
BaN בן	הה	וו	הה	יוד
	10	12	10	20 = 52

Toutes les émanations et *Séphirot* qui ont émergées d'*Adam Kadmon* par les ouvertures de son visage, étaient de divers aspects de ces quatre noms.

Elles ont différentes actions et *Tikounim*, et tous les *Partsoufim* (configurations) seront construits par leurs unions.

Des oreilles, du nez et de la bouche ont émergés des *Séphirot* et lumières de l'aspect du nom de *SaG* (63).

Des yeux, ont émergés des *Séphirot* et lumières de l'aspect du nom de *BaN* (52). Ces lumières féminines ont causé la *Shvirat HaKélim* (des récipients).

Du front, des *Séphirot* et lumières de l'aspect du nom de *MaH* (45) ont émergées ; ces lumières masculines feront le *Tikoun* (rectification) des *Séphirot* brisées. De ces deux émanations ; *MaH* (45) et *BaN* (52) seront construits tous les *Partsoufim* (configurations) pour la direction des mondes.

Ces émanations ont causées certains états d'existence ou mondes. Les émanations qui sortirent de la bouche ont fait un monde appelé 'Olam Ha'Akoudim - le monde des attachés. Ceux qui sont sortit des yeux ont fait 'Olam HaniKoudim - le monde des points. Les émanations qui sortirent du front firent 'Olam HaBeroudim – le monde du Tikoun (réparation).

De ces émanations se dévoileront les quatre autres mondes d'*Atsilout* (émanation), *Beriah* (création), *Yetsirah* (formation) et *'Asiah* (action).

'Olam Ha'Akoudim - Monde des attachés

Dans le monde des *Ha'Akoudim*, quand les *Séphirot* ont émergées pour la première fois de la bouche d'*Adam Kadmon*, elles n'ont pas eu de récipient individuel, mais plutôt un récipient unique pour toutes.

Les sept *Séphirot* inférieures étaient alignées une sous l'autre dans une ligne droite et pas dans l'arrangement de trois piliers. Par conséquent, elle n'étaient pas prêtes pour la direction selon le mode de bonté, rigueur et miséricorde. *Voir Fig. 7*

Fig. 7

Ce type de configuration ne pouvait durer, la partie la plus ténue de ces lumières retourna à son origine dans la bouche, mais pas complètement, chacune laissant sa trace. Les parties des lumières qui restèrent s'épaissirent, mais furent toujours illuminées par leurs propres parties de lumières qui étaient remontées.

Celles qui restèrent ainsi que la trace de celles qui étaient remontées, se frappèrent et produirent des étincelles qui formèrent les récipients pour les lumières plus ténues qui reviendront une deuxième fois. Ainsi les *Séphirot* seront maintenant complètes ; lumière et récipient pour chacune.

Ceci est considéré comme une annulation, mais pas aussi importante que celle du monde des points.

'Olam HaNikoudim - Monde des points

Après les émanations de la bouche d'*Adam Kadmon*, dix *Séphirot* sortirent par ses yeux ; elles étaient de l'aspect du nom féminin de *BaN* (52). Ce monde s'appelle le monde des points car ces *Séphirot* avaient leurs propres récipients, mais étaient séparées, sans attachement ou relation entre elles. Par conséquent, incapable de retenir l'afflux de leurs lumières, les sept récipients inférieurs se cassèrent et furent séparés de leurs lumières. *Voir Fig. 8*

Ces *Séphirot* correspondent à l'aspect féminin - rigueur, et sont la racine de la détérioration. Quand elles sont sorties, les trois premières *Séphirot* - *KHB* (*Keter*, *'Hokhma*, *Binah*), ont pris la force des lumières des oreilles, du nez et de la bouche d'*Adam Kadmon* et pouvaient se tenir dans trois colonnes.

Cependant, les sept *Séphirot* inférieures, qui ont pris seulement des lumières de la bouche, ne pourraient se tenir dans cet ordre et se sont cassées. Ceci s'appelle *Shvirat HaKélim* (rupture des récipients) ; cet arrangement imparfait est la première origine de la *Sitra A'hra* ou « mal ».

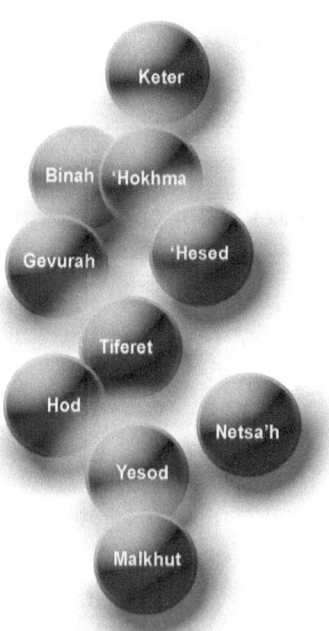

Fig.8

'Olam HaBeroudim - Monde de la réparation

Cet état s'appelle également le *'Olam HaTikoun*. Le *Tikoun* (rectification) a été fait par l'union des *Séphirot* de *BaN* (52) (rigueur) avec les *Séphirot* de *MaH* (45) (miséricorde) qui sont sorties du front d'*Adam Kadmon*. Par cette union, le *BaN* (52) féminin a été réparé par le *MaH* masculin (45) et ensemble ils firent les *Partsoufim* (configurations).

Avec ce nouvel arrangement, les *Séphirot* pouvaient maintenant se tenir dans la configuration de trois colonnes de bonté, rigueur et miséricorde.

Ce *Tikoun* de l'arrangement des *Séphirot* en trois colonnes permettra le commencement de la construction des premiers *Partsoufim* (configurations).

Chapitre 4

SHVIRAT HAKELIM

Les sept *Séphirot* inférieures du nom de *BaN* n'étaient pas dans l'arrangement de trois piliers requis pour la direction de bonté, rigueur et miséricorde. Par conséquent, les récipients ne pouvant retenir l'afflux de leurs lumières se sont cassés. Si ces sept récipients avaient contenus leurs lumières, le monde aurait été dans un état parfait dès le début.

Shvirat HaKelim - Cassure des récipients

À la création, toutes les forces créatrices ont été investies dans la configuration *Adam Kadmon*. Elles émergèrent par différentes émanations à travers les ouvertures de son visage pour la construction des mondes.

Les dix *Séphirot* qui émergèrent de ses yeux étaient de l'aspect du nom de *BaN* (52) ; elles correspondent à l'aspect féminin - rigueur et sont la racine de la détérioration. Quand elles sont sorties, les récipients des trois premières *Séphirot Keter*, '*Hokhma* et *Binah* ont reçu et ont contenu leurs lumières, car leur arrangement étaient en trois colonnes.

Les sept récipients des *Séphirot* inférieures n'étaient pas dans l'arrangement de trois piliers requis pour la direction de bonté, rigueur et miséricorde. Les lumières essayèrent de rentrer dans leurs récipients respectifs, mais les récipients incapables de retenir ces lumières se sont brisés. Les lumières restèrent dans le monde d'*Atsilout*, leurs récipients tombèrent dans les mondes inférieurs.

Ceci causa un dommage important appelé *Shvirat HaKélim* - la cassure des récipients. Les récipients des sept *Séphirot*, qui n'ont pas contenu leurs lumières, sont tombés dans le monde de *Beriah* (création). Cet arrangement imparfait est la première origine de la *Sitra A'hra* (côté négatif) - « mal ».

Les trois premières *Séphirot Keter*, '*Hokhma*, et *Binah* n'ont pas complètement contenu leurs lumières dans leurs parties inférieures ; elles sont tombées plus bas mais ne se sont pas brisées. Ces parties inférieures correspondent à ce qui est nécessaire pour la direction des sept *Séphirot* inférieures. Si elles avaient complètement contenu leurs lumières, les sept *Séphirot* ne se seraient pas cassées, et les notions de *Kilkoul* (dommages) et *Tikoun* (réparation) n'existeraient pas. Les racines de tout créé sont dans les sept *Séphirot* inférieures (*Za'T*) ; les trois premières *Séphirot* sont comme une couronne sur les autres sept, pour les réparer et les diriger.

Il est important de comprendre que tout ce qui se produit dans notre monde est semblable à ce qui s'est produit dans cette chute. Si les récipients avaient contenu leurs lumières, les sept *Séphirot* inférieures ne se seraient pas cassés et le monde aurait été dans un état parfait dès le début.

La séparation entre les *G'aR* (trois premières *Séphirot*), qui sont considérées comme la tête - les forces directives, et *Za'T* (les sept *Séphirot* inférieures), - le corps, est comparable à la mort de l'homme qui, quand son âme part et monte et que son corps descend dans la terre, n'est plus vivant. La lumière qui donne la vie au récipient est comparable à l'âme qui maintient le corps vivant.

Étincelles

Pour permettre la subsistance des récipients après qu'ils soient tombés, 288 étincelles de lumières descendirent également, car un raccordement à leurs lumières originales était nécessaire pour les maintenir vivantes. Certaines de ces étincelles se réunirent à leurs lumières et aidèrent les récipients à remonter, afin de se réunir aussi à leurs lumières, alors que d'autres tombaient encore plus bas dans les autres mondes.

Le *Tikoun* - réparation est de faire remonter toutes les étincelles qui n'étaient pas remontées vers leurs lumières et ainsi ramener la création à son état original d'avant la .... de ces *Séphirot*. Par conséquent, le but de tous les actes, accomplissement des commandements et prières des hommes dans cette existence, est d'aider et participer à la remontée vers leur origine du reste de ces 288 étincelles tombées. Ceci peut être accompli de différentes manières, mais principalement en accomplissant les *Mitsvot* et les prières.

Après la brisure des *Kélim* et la séparation de leurs lumières, il fut nécessaire pour la direction du monde que la réparation soit faite. Du front d'*Adam Kadmon* ont émergé dix *Séphirot* de l'aspect du nom de *MaH* (45), correspondant au masculin - réparation. Ceci est en contraste avec les *Séphirot* de *BaN* (52), qui correspondent à l'aspect féminin - rigueur et sont la racine de la détérioration.

Le *Tikoun* fut fait par l'union des *Séphirot* de *MaH* (45) (miséricorde) et de *BaN* (52) (rigueur) dans des arrangements complexes, afin de permettre au *BaN* féminin (52) d'être réparé par le *MaH* masculin (45), et pour que les *Séphirot* puissent se tenir dans l'arrangement de trois colonnes représentant bonté, rigueur et miséricorde. Une fois l'ordre approprié des *Séphirot* en place, diverses configurations nommées *Partsoufim* complétèrent la création.

Avec l'émanation des lumières de *MaH* (45) D. aurait pu faire le *Tikoun* (rectification) de tous les mondes après la *Shvirat HaKélim* (des récipients), mais, il n'y aurait pas eu alors de raison pour la participation de l'homme dans ce *Tikoun*. C'est afin de donner une possibilité à l'homme d'agir et réparer la création que D. a retenu d'une certaine manière, Son émanation de bonté à ce monde. L'accomplissement de ce *Tikoun* de l'unification entre les étincelles tombées et leurs *Kélim*, sera la période de la résurrection des morts et de l'arrivée de Mashia'h

Chapitre 5

PARTSOUFIM

Un *Partsouf* est une configuration d'une ou plusieurs *Séphirot* agissant en coordination. La direction des mondes dépend des différents positionnements et interactions des *Partsoufim* (configurations) masculins et féminins, puisqu'ils ont un effet direct sur la mesure et l'équilibre des facteurs de bonté, rigueur et miséricorde.

Partsoufim - configurations

La lumière de D. est d'une unicité parfaite, sans aucune variable ou différence. Une fois que cette énergie entre dans une *Séphira* particulière, ses résultats ou effets sont transformés en forces ou attributs particuliers par lesquels le Créateur guide les mondes. Un *Partsouf* est une configuration d'une ou plusieurs *Séphirot* agissant ainsi en coordination. *Partsouf* en araméen signifie visage, face ou contenance. Un visage se compose de plusieurs et divers éléments tels que yeux, nez, bouche, front et ainsi de suite, mais tous sont coordonnés en tant qu'une seule unité. Un visage est également unique ; il est l'identité particulière d'une personne et son principal moyen de communication.

Certains *Partsoufim* - configurations sont masculins et accordent la bonté, alors que d'autres sont féminins et accordent la rigueur. Le masculin correspond à *'Hesed* - bonté et est de l'aspect du nom de *MaH* (45). Le féminin correspond à *Gevourah* – rigueur et est de l'aspect du nom de *BaN* (52). Par leurs unions, différents équilibres de ces deux forces (bonté et rigueur) font la direction.

Une complète rigueur serait la destruction de tout ce qui n'est pas parfait, alors qu'une complète bonté permettrait tout sans restrictions. Cependant, ces deux aspects sont nécessaires pour la direction selon la justice et pour donner à l'homme la possibilité de libre choix.

Les *Partsoufim* - configurations sont dans un état constant d'action, d'illuminations et d'interdépendances entre eux. Ce dynamisme d'échange et d'influence d'énergies s'appelle '*Tikounim* des *Partsoufim*'. Ces *Tikounim* résultent en diverses illuminations de différentes intensités, selon le temps et les actions de l'homme. Ils traduisent la volonté suprême en influences et effets particuliers, pour la direction des mondes.

La construction d'un *Partsouf* - configuration est réalisée par un *Zivoug* (union) de deux *Partsoufim* supérieurs ; masculins et féminins, suivi d'une période appelée 'gestation' qui se produit à l'intérieur de la configuration féminine plus élevée, et ensuite de la naissance, quand il est enfin révélé. Il y a ensuite une période 'd'allaitement' où il se nourrit d'énergies des *Partsoufim* supérieurs et finalement la croissance quand il se retrouve alors entièrement indépendant.

Il y a cinq principaux *Partsoufim* - configurations :

*   *Arikh Anpin* - Long visage
*   *Abah* - Père
*   *Imah* - Mère
*   *Zeir Anpin* - petit visage
*   *Noukva* - Féminin

Et un au-dessus d'eux : '*Atik Yomin* (habillé dans *Arikh Anpin*).

De ces cinq configurations principales émergent sept autres secondaires. Elles émanent des dix *Séphirot* comme suit :

De *Keter* :
 - '*Atik Yomin*
  - *Arikh Anpin*

De *'Hokhma* :
- *Abah* -
De *Malkhout* d'*Abah* - *Israël Saba* -
De *Malkhout* de *Israël Saba* - *Israël Saba* 2

De *Binah* :
- *Imah*
- De *Malkhout* de *Binah* - *Tevounah*
- De *Malkhout* de *Tevounah* - *Tevounah* 2

Israël Saba et *Tevounah* sont appelés également par leurs initiales ISOT ou ISOT 2.

Des six *Séphirot* ; *'Hesed, Gevourah, Tiferet, Netsa'h, Hod,* et *Yesod* :
- *Zeir Anpin* également appelé Israël
De *Zeir Anpin* - Ya'acov

De *Malkhout* : *Noukva*, divisée en deux *Partsoufim* : Ra'hel et Leah

Configuration *'Atik Yomin*

La configuration *'Atik Yomin* est supérieure à toutes les autres configurations. Elle a dix *Séphirot*. Son aspect du nom de *MaH* (45) correspond au principe masculin ; son aspect du nom de *BaN* (52) correspond au féminin. Elle se nomme *'Atik* et sa *Noukva* '. Sa *Noukva* - féminin est attachée à lui, son dos au sien. *'Atik* est ainsi tout face, sa configuration féminine faisant face en arrière, sa configuration masculine faisant face en avant. Chacun de ces aspects - masculins et féminins - est composé de dix *Séphirot*.

L'aspect masculin d'Atik ne se trouve pas à l'intérieur du premier monde de *Atsilout*. Les trois premières des dix *Séphirot* de sa *Noukva* - aspect féminin - sont au-dessus d'*Atsilout* et font ensemble la *Radl'a* –רישה דלא אתידע (la tête inconnue).

Les sept *Séphirot* inférieures de sa *Noukva* s'attachent au monde au-dessous et s'habillent à l'intérieur de la configuration *Arikh Anpin* de la façon suivante :
- 'Hesed de 'Atik dans *Keter* d'Arikh
- Gevourah dans 'Hokhma
- Tiferet dans Binah
- Ses trois *Séphirot* NHY (*Netsa'h, Hod, Yesod*) ont trois parties chacune :
- la première partie de *NHY* dans 'Hesed, Gevourah et *Tiferet*,
- la deuxième partie de *NHY* dans Netsa'h, Hod et *Yesod*,
- la troisième partie de NH (*Netsa'h, Hod*), et *Malkhout* de 'Atik dans *Malkhout* d'Arikh Anpin.

La *Séphira* inférieure d'un monde fait le raccord avec le monde au-dessous de lui et devient sa configuration 'Atik. Dans *Atsilout*, c'est la *Malkhout* d'Adam Kadmon qui devient sa configuration 'Atik. C'est pareil dans les trois autres mondes de *Beriah, Yetsirah* et '*Asiah*, la *Malkhout* du monde au-dessus devient la configuration 'Atik du monde au-dessous.

Configuration Arikh Anpin

Arikh Anpin est la configuration principale dans chaque monde, toutes les autres configurations sont ses «branches». Lui et son féminin font une configuration appelée; *Arikh Anpin* et sa *Noukva*. Son masculin est son côté droit, son féminin, son côté gauche. *Arikh Anpin* est la première configuration dans *Atsilout* et la racine de toutes les autres.

Arikh Anpin est différent des autres configurations. Ses trois premières *Séphirot*, appelées ses trois têtes, ne sont pas dans l'arrangement des trois colonnes; sa *Séphira Binah* est sous *Keter* et *'Hokhma*, qui sont alignés en une ligne droite. *Voir Fig. 9*

Arikh Anpin s'étend du haut au bas d'un monde. *Abah* et *Imah* habillent son bras droit et gauche (ses *Séphirot 'Hesed et Gevourah*) ; leurs *Keter* atteignent sa *Séphira Binah* et leur *Malkhout* sa *Séphira Tiferet*. *Voir Fig.10*

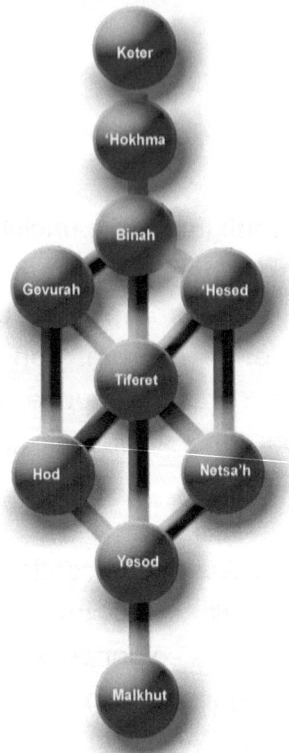

Fig. 9

Arikh Anpin a trois têtes, qui sont les racines de la direction de bonté, rigueur et miséricorde. La première est *Keter*, la seconde est dans l'espace entre son *Keter* et '*Hokhma*, la troisième est sa '*Hokhma*. Leurs noms sont :

1 - *Gulgolta* - son *Keter*

2 - *Avirah* - dans l'espace entre son *Keter* et '*Hokhma*

3 - *Mo'ha* - sa '*Hokhma*

Ces trois têtes émanent d'*Arikh Anpin* vers les configurations *Abah* et *Imah*, et de là, à la configuration *Z'A*. Les émanations et actions de la configuration *Arikh Anpin* se nomment ses *Tikounim*

Les autres *Tikounim* - émanations d'énergies et actions – émanent à partir de la face de la *Séphira 'Hokhma* de la configuration d'*Arikh Anpin* et s'épanchent vers le bas ; ils s'appellent allégoriquement ses cheveux, ou barbe. Ils se divisent en treize et s'appellent les treize *Tikounim* de la *Dikna* - barbe d'*Arikh Anpin*. Ces émanations s'appellent cheveux ou barbe parce qu'elles s'étendent par des conduits individuels.

Les autres *Tikounim* - émanations des lumières d'*Arikh Anpin*, sont pour l'accomplissement et l'abondance. Cependant, la direction elle, provient de la *Dikna* - lumières de la barbe, et c'est par elle que l'abondance découle.

Configurations Abah et Imah

Ces deux *Partsoufim* (configurations) sont essentiels pour la direction des mondes ; ils sont le lien entre la configuration *Arikh Anpin*, qui est la configuration la plus élevée, et la configuration *Zeir Anpin* qui communique ces émanations aux mondes par son *Zivoug* (union) avec la configuration *Noukva*. *Abah* est la *Séphira 'Hokhma*, *Imah* la *Séphira Binah*.

Ils ont émané par le *Zivoug* (union) de la configuration *Arikh Anpin* avec sa *Noukva* (féminin). *Abah* est l'aspect masculin, *Imah* le féminin. Ils sont influencés et construits par les lumières de la configuration *Arikh* et sont au niveau de ses bras - *Séphirot 'Hesed* et *Gevourah*. *Abah* est du côté droit - *Séphira 'Hesed*, *Imah* du côté gauche - *Séphira Gevourah*. *Voir Fig.10*

Pour communiquer leurs émanations, *Abah* et *Imah* s'unissent pour émaner leur influence. Il y a pour *Abah* et *Imah* deux types de *Zivoug* (unions) : le *Zivoug* constant s'appelle extérieur et est pour la subsistance des mondes, alors que le second s'appelle intérieur et est pour le renouvellement des *Mo'hin* - forces de direction pour *Z'ouN* (*Zeir Anpin* et *Noukva*).

La *Séphira Malkhout* de *Abah* devient une autre configuration appelée *Israël Saba*. De même, *Malkhout* d'*Imah* devient une autre configuration appelée *Tevounah*. Ces deux configurations secondaires agissent en tant que prolongation d'*Abah* et d'*Imah* pour transmettre une intensité réduite de leurs émanations. Elles sont appelées la plupart du temps par leurs initiales *ISoT*. Elles ont elles-mêmes leurs propres configurations secondaires appelées *Israël Saba 2* et *Tevounah 2 - ISoT 2*. Elles transmettent une intensité encore plus réduite des émanations d'*Abah* et d'*Imah*. *Voir Fig. 10*

Le rôle principal d'*Abah* et d'*Imah* est de donner à la configuration *Z'A*, des *Mo'hin* - forces de direction. Il y a différents états de croissance pour la configuration *Z'A*. Dans sa première croissance, il reçoit ses *Mo'hin* - force de direction des configurations *ISOT* (*Israël Saba* et *Tevounah*) et dans sa plus importante seconde croissance, il les reçoit directement d'*Abah* et d'*Imah*.

Configuration Zeir Anpin

La configuration *Zeir Anpin* est le plus souvent appelée par ses initiales ; *Z'A*. Elle se compose des six *Séphirot* inférieures: *'Hesed, Gevourah, Tiferet, Netsa'h, Hod*, et *Yesod*. Pour le créé, *Z'A* avec la configuration *Noukva*, sont les configurations principales pour la direction. Tous nos rapports avec ce qui est plus haut sont d'abord dirigés vers *Zo'uN* (*Zeir Anpin* et *Noukva*).

Zeir Anpin est une configuration dynamique, constamment dans un processus d'évolution d'un état plus petit à un de croissance afin de renouveler ses forces et son influence. Au début, *Z'A* est incomplet ayant seulement sept *Séphirot*, et dans un état de *Tardema* (somnolence). À l'intérieur d'*Imah*, *Z'A* passe par une période de gestation, suivie d'une première période d'enfance et d'une première croissance. Pour agir, il doit recevoir ses *Mo'hin* - forces directives, qui sont ses trois premières *Séphirot* : *Hokhma, Binah* et *Da'at*, et ainsi arriver à une étape de croissance. Ils lui sont donnés dans un ordre spécifique par les configurations au-dessus de lui ; *ISOT* ou *Abah* et *Imah*.

Pendant la période de gestation, *Z'A* n'agit pas vraiment, étant en construction. À l'étape « d'allaitement » il commence à agir, et à l'étape de croissance il est prêt à agir et à influencer.

Quand les trois *Séphirot* de *NHY* (*Netsa'h, Hod, Yesod*) d'*ISOT* 2 sont la force directive de *Z'A*, il est à l'étape de la première croissance. Mais quand *NHY* d'*ISOT* 1 sont vêtus en lui, on considère comme si *Abah* et *Imah* sont vêtus

69

directement en lui comme ses *Mo'hin* - forces directives ;
cette étape est la deuxième croissance. Ce n'est qu'après la
deuxième croissance que *Z'A* atteint son plein potentiel.
Ceci s'appelle *Gadlout* 2.

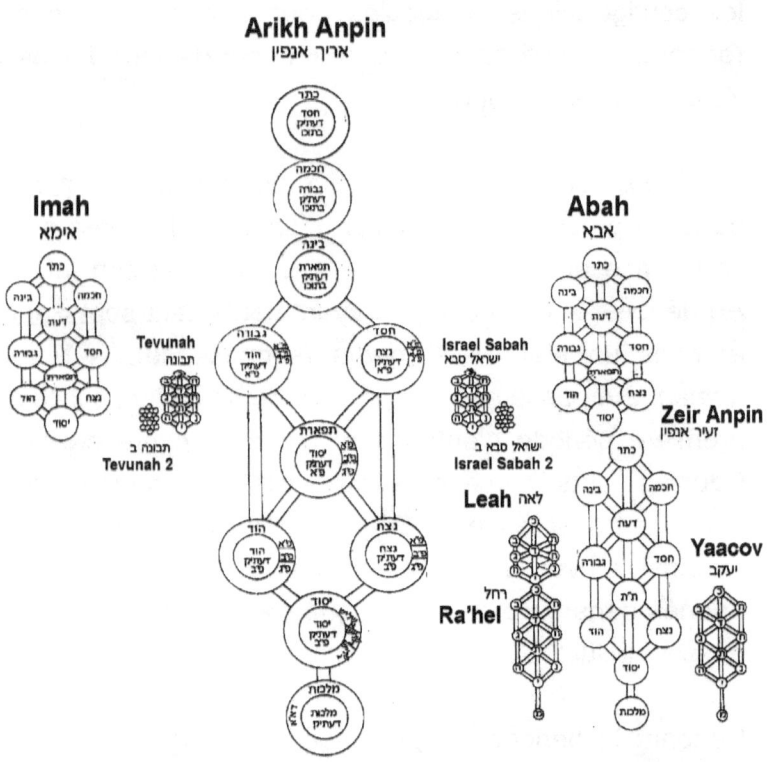

Fig. 10

Mo'hin - Forces directives

Les *Mo'hin* sont les forces directives données à une configuration par une ou deux configurations supérieures. Selon l'état de croissance, il y a des *Mo'hin* de *Katnout* – enfance, et de *Gadlout* - croissance. Il y a également des *Mo'hin* à l'intérieur et à l'extérieur. Ceux qui pénètrent dans la configuration inférieure - intérieur, et ceux qui l'encerclent - extérieur. Ces forces directives varient en force et en intensité.

Pendant la gestation, la force directive est au niveau le plus bas et se nomme *NHY* (*Netsa'h*, *Hod*, *Yesod*) des *Mo'hin* ; il est de l'aspect de *Nefesh*.

Pendant l'allaitement, les lumières se développent et la force directive est d'un plus haut niveau ; elle se nomme *HGT* ('*Hesed*, *Gevourah*, *Tiferet*) des *Mo'hin* et est de l'aspect de *Roua'h*.

Pendant la croissance, les forces directives sont maintenant en pleine maturité pour guider avec toute la puissance de *HBD* ('*Hokhma*, *Binah*, *Da'at*) ; elles sont de l'aspect de *Neshama*.

Deux *Mo'hin* distincts viennent à *Z'A* : les forces directives d'*Imah* arrivent en premier, et puis les forces directives d'*Abah*, en second lieu. Les forces directives qui sont données d'*Abah* et d'*Imah* à *Z'A* s'appellent son *Tselem* (צלמ) et n'entrent pas complètement dans lui.

71

Celles qui pénètrent dans la configuration inférieure – *Mo'hin* intérieurs, sont les trois *Séphirot NHY* (*Netsa'h, Hod, Yesod*) de la configuration supérieure. Elles se divisent en trois et se composent maintenant de neuf parties, correspondant au צ. Elles s'étendent dans les neuf *Séphirot* de *Z'A*.

Celles qui n'entrent pas sont les *HBD* et *HGT* de la configuration plus élevée. Elles n'entrent pas à l'intérieur de la configuration inférieure, mais l'encerclent plutôt sur l'extérieur, dans l'arrangement des trois colonnes de bonté, rigueur et miséricorde. Les *Mo'hin* qui l'encerclent sont d'un aspect plus élevé que les *Mo'hin* intérieurs et correspondent au למ de – צלמ

Les *HGT* ('*Hesed, Gevourah, Tiferet*) qui l'entourent correspondent au ל
Les *KHBD* (*Keter*, '*Hokhma, Binah, Da'at*) qui l'encerclent correspondent au מ

Avant d'atteindre sa pleine force, *Z'A* passe par trois états préparatoires. D'abord, de ses six *Séphirot* originales (*Katnout* - enfance 1) il obtiendra ses quatre plus hautes *Séphirot* qui sont sa force directive, d'*ISOT* 2 (*Gadlout* - croissance 1). Quand ces forces directives le quittent, c'est l'enfance 2, quand elles reviennent à lui par *ISOT* 1 (*Abah* et *Imah*), il a atteint sa pleine croissance (*Gadlout* - croissance 2). Par conséquent, pour les deux étapes d'enfance et les deux de croissance de la configuration *Z'A*, il y a des forces directives correspondant à chacune de ces différents états de croissance.

Forces directives de l'enfance

Il y a deux types de forces directives de *Katnout* - enfance : *Katnout* 1 et *Katnout* 2.

Quand la configuration *Z'A* reçoit *NHY* (*Netsa'h*, *Hod*, et *Yesod*) de ses *Mo'hin* (intérieur), mais pas les *Mo'hin* encerclants, ils sont les forces directives de *Katnout* 1.

Quand il reçoit *NHY* (*Netsa'h*, *Hod*, et *Yesod*) des *Mo'hin* directement d'*Imah*, ils sont les forces directives de *Katnout* 2.

Forces directives de croissance

Il y a deux types de forces directives de *Gadlout* (croissance) : *Gadlout* 1 et *Gadlout* 2.
Quand la configuration *Z'A* reçoit toutes ses forces directives - intérieures et encerclantes d'*ISOT*, elles sont les forces directives de *Gadlout* 1. Quand il reçoit toutes ses forces directives directement d'*Imah*, elles sont les forces directives de *Gadlout* 2, et il a maintenant atteint sa pleine maturité.

Face à face

il y a également une notion de proximité et d'interaction, si les configurations se font face ou se tournent le dos. Les trois possibilités sont face à face, face à dos ou dos à dos.
Face à face est le niveau idéal et correspond au déversement de l'abondance.
Quand la configuration *Noukva* est prête pour le *Zivoug* (union), elle vient face à face avec le masculin ; c'est le positionnement idéal pour l'union.

La direction du monde est dépendante des différents positionnements et interactions de ces configurations masculines et féminines, puisqu'elles ont un effet direct sur la mesure et l'équilibre des facteurs de bonté, rigueur et miséricorde.

Face à dos

Face à dos est le deuxième niveau. Il est entre les niveaux de face à face, qui est le niveau idéal et qui correspond au déversement de l'abondance, et de dos à dos, qui correspond à la dissimulation et à la rigueur.

Face à dos dénote une promptitude à s'approcher d'un coté seulement. C'est une position d'attente, ou de désir de la position idéale de face à face.

Dos à dos

Dos à dos est le plus bas niveau, il correspond à la dissimulation et à la rigueur.

Dos à dos dénote une impréparation à s'approcher. C'est une position qui ne peut permettre une union des configurations pour un octroi ou une action.

Zivoug - union

Une fois que les configurations ont reçu leurs forces directives respectives et sont en position face à face, elles sont maintenant prêtes pour le Zivoug - à s'unir.

Zivoug est l'union du masculin avec son féminin. Tous les résultats des émanations supérieures sont la conséquence des différentes unions des lumières masculines et féminines.

Il y a différents genres de *Zivougim* - unions :
* Pour la réparation des mondes
* Pour la construction des configurations
* Pour les direction des mondes

Pour la réparation des mondes

Suite aux dommages provoqués par la cassure des récipients, la réparation était nécessaire pour mettre en place les configurations respectives de chaque monde. Il y eu union des *Séphirot* de *MaH* (45) et de *BaN* (52) dans des arrangements complexes, afin de permettre à *BaN* féminin (52) d'être réparée par *MaH* masculin (45), et pour que les *Séphirot* puissent se tenir dans l'arrangement des trois colonnes de bonté, rigueur et miséricorde.

Pour la construction des configurations

L'union d'une configuration masculine et féminine donne naissance à une configuration inférieure. Après l'union, il y a une période de gestation où la configuration est gardée à l'intérieur de la configuration féminine supérieure afin obtenir ses forces nécessaires avant de sortir.

Par l'union de la configuration *'Atik* et sa *Noukva*, la configurations *Arikh* et sa *Noukva* ont été établies, et de leur union, *Abah* et *Imah* ont été construits. Par l'union des configurations *Abah* et *Imah*, les configurations *Z'A* et *Noukva* ont été établies.

Pour la direction des mondes

Pour les configurations *Abah* et *Imah* il y a deux types d'unions : l'union constante se nomme extérieure, et est pour la subsistance des mondes, sans plus ; l'autre se nomme intérieure, et a pour fonction le renouvellement des forces directives des configurations *Z'A* et *Noukva* pour la direction.

Pour que l'abondance descende au monde, la configuration masculine *Zeir Anpin* doit s'unir à *Noukva* - le féminin. Il ne peut y avoir d'abondance que quand les masculins et les féminins sont en harmonie. La direction du monde est dépendante des différents positionnements et interactions des configurations masculines et féminines, puisqu'elles ont un effet direct sur la mesure et l'équilibre des facteurs de bonté, rigueur et miséricorde.

Les configurations *Zeir Anpin* et *Noukva* sont la racine de tout créé. C'est par leurs unions et *Tikounim* - actions et interactions, que la direction selon la justice est manifestée. Chaque jour, selon les actions de l'homme, les prières pendant la semaine, le Shabbat ou les fêtes, et selon le temps, des diverses configurations permettent différentes unions des configurations, ayant comme résultat des déversements d'abondance en intensités variables.

Deux conditions sont nécessaires pour que l'union soit possible : les configurations doivent être construites, et le féminin doit susciter une réaction du masculin.

Toute abondance qui descend au monde procède des diverses unions des configurations masculines ; *Zeir Anpin*, Israël ou Ya'acov avec les configurations féminines ; *Noukva* - Leah ou Ra'hel.

Il y a cinq unions différentes :

- Les unions avec Ra'hel sont du plus haut niveau, étant de l'aspect de bonté.
- Ceux avec Leah sont plus de l'aspect de rigueur.
- Ceux d'Israel et de Ra'hel sont les plus supérieurs. Israël représente tout *Z'A*, Ra'hel est l'essentiel de *Noukva*. L'abondance qui est accordée par cette union est la plus complète. Les autres unions de *Z'ouN* (*Zeir Anpin* et *Noukva*) sont de différents niveaux, à diverses périodes, et de moindre plénitude.

Chaque nouveau jour vient d'une nouvelle émanation qui le régit. Pour chaque jour, il y a des nouvelles unions des différents aspects de *Z'ouN*.

Dans la *Tefilah* - prière de *Sha'hrit*, il y a union de Ya'acov et Ra'hel.
Dans la *Tefilah* de *Min'ha*, il y a union d'Israel et Leah.
- Dans la *Tefilah* de *'Arvit*, il y a union de Ya'acov et Leah (du thorax vers le haut).
- Dans *Tikoun 'Hatsot*, il y a union de Ya'acov et Leah (du thorax vers le bas).
La direction du monde est fortement influencée par les différents genres de positionnements et interactions des configurations, puisque d'elles émanent diverses intensités de bonté et rigueur.

Le but du service des créatures est d'aider à préparer les configurations *Z'A* et *Noukva* à s'unir, et ceci, par l'observance des commandements et des différentes prières. Les prières ainsi que les différents rituels juifs comportent des méditations, noms ou permutations de noms qui causent l'élévation et l'adhérence des mondes afin de préparer ces configurations pour leurs unions.

Chapitre 6

MONDES

Un monde est une possibilité et un type d'existence dans une dimension particulière. Il y a quatre mondes : *Atsilout* - le monde de l'émanation, *Beriah* (création) - le monde des Neshamot - âmes, *Yetsirah* (formation) - le monde des anges et *'Asiah* (action) - le monde physique.

'Olam - Monde

Un monde est une possibilité et un type d'existence dans une dimension particulière. De la première configuration ; *Adam Kadmon* (Homme primordial), ont émergé les émanations qui ont fait les autres mondes.

Il y a quatre mondes. Le premier à se dévoiler d'*Adam Kadmon* s'appelle *Atsilout*, le monde de l'émanation, où il n'y a aucune existence séparée et aucune force négative même à ses niveaux les plus bas.
Le deuxième monde est *Beriah* (création), le monde des âmes.
Le troisième monde est *Yetsirah* (formation), le monde des anges. Le quatrième monde est *'Asiah* (action), le monde de l'existence physique.

Il y a un écran (séparateur) qui sépare un monde de l'autre, et de cet écran les dix *Séphirot* du monde plus bas émergent des dix *Séphirot* du monde plus haut.

Tous les mondes sont semblables, chacun contient dix *Séphirot* et cinq principales configurations :
*   *Arikh Anpin*
*   *Abah*
*   *Imah*
*   *Zeir Anpin*
*   *Noukva*

Mais la quintessence du monde plus haut est supérieure.

Il n'y a pas d'interruption dans la circulation d'énergies des deux directions. Les mondes se joignent par la dernière *Séphira* du monde plus haut qui se « relie » à la plus haute *Séphira* du monde sous lui. Les trois premières *Séphirot* de la configuration *'Atik Yomin* sont dans la *Séphira Malkhout* du monde plus haut, ses sept *Séphirot* inférieures sont dans la première configuration *Arikh Anpin* du monde sous lui. Voir fig 11

Sur ces quatre mondes régissent les quatre lettres du nom (י - ה - ו - ה) B'H.
י dans *Atsilout* ; par lui, tous les niveaux réparés sont mis en ordre.
ה descend d'*Atsilout* à *Beriah* et le guide.
ו à *Yetsirah*, ה à *'Asiah*.

Atsilout correspond à la configuration *Abah*, *Beriah* à *Imah*, *Yetsirah* à *Z'A*, et *'Asiah* à *Noukva*.

Atsilout - Monde de l'Emanation

Le premier monde, *Atsilout*, est le monde de l'émanation, le monde de la pensée divine. C'est un monde complètement spirituel sans aucune existence d'entités séparées. Il amène à existence et soutient les autres mondes. Il est le plus haut des quatre mondes, au-dessus de *Beriah*, de *Yetsirah* et de *'Asiah*.

Les trois premières *Séphirot* de sa configuration *'Atik Yomin* sont dans la *Séphira Malkhout* d'*Adam Kadmon*, alors que

82

ses sept *Séphirot* inférieures sont à l'intérieur des dix *Séphirot* d'*Arikh Anpin* et font le lien entre *Atsilout* et *Adam Kadmon*.

A partir de *Atsilout* se sont dévoilés tous les mondes inférieurs, qui sont la source d'existence pour les mondes physiques. La possibilité de récompense et punition ainsi que du mal.

Sous *Atsilout*, les lumières de sa *Malkhout* se sont heurtées, et un rideau se forma entre *Atsilout* et *Beriah* à partir du cognement de ces lumières. De là, d'autres configurations semblables à celles dans *Atsilout* ont été formées dans les mondes inférieurs, mais de moindre force puisque les lumières furent obscurcies par le rideau. C'est en raison de la diminution de ces intensités de la lumière que l'existence pour les entités séparées est devenue possible.

Le monde d'*Atsilout* est de l'aspect du nom du *'AV* et de la configuration *Abah*.

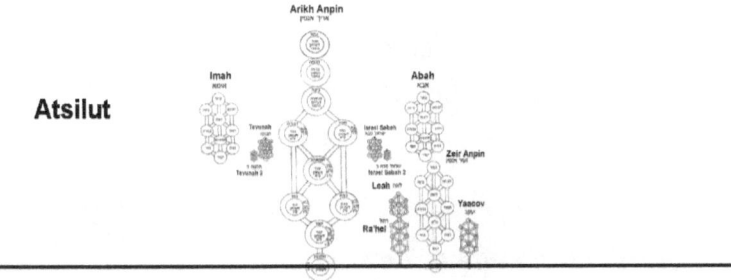

Fig. 11

Beriah – Monde de la Création

Le deuxième monde à se dévoiler s'appelle *Beriah*, le monde de la création. C'est le monde des âmes. C'est le premier monde où les entités séparées ont la possibilité d'existence. Ces différentes créations sont de la plus haute spiritualité ; elles sont les âmes avec leur pleine luminosité, avant qu'elles ne descendent dans les corps physiques. *Beriah* est sous *Atsilout* et au-dessus de *Yetsirah* et de *'Asiah*.

Au-dessous de *Beriah*, sous son rideau, d'autres *Partsoufim* semblables à ceux dans *Beriah* ont été formés dans le monde inférieur de *Yetsirah* - formation, mais d'une moindre force puisque les lumières ont été encore plus obscurcies par le rideau. C'est en raison de la diminution accrue de l'intensité de la lumière que les entités encore plus séparées telles que des anges pourront exister.

Le monde de *Beriah* (création) est de l'aspect du nom du *SaG* (63). Ainsi, *Beriah* est de l'aspect de la configuration *Imah - Séphira Binah*.

Yetsirah - Monde de la Formation

Le troisième monde à se dévoiler s'appelle *Yetsirah* ; c'est le monde de la formation, le monde des anges. Après *Beriah* qui a des entités séparées, quoique de niveau spirituel plus élevé, *Yetsirah* est également un monde spirituel, mais ses anges qui sont ses entités séparées, ont également une forme spirituelle. Ce monde est sous *Atsilout* et *Beriah* mais au-dessus de '*Asiah*.

Au-dessous de *Yetsirah*, sous son rideau, d'autres configurations semblables à celles dans *Yetsirah* ont été formées dans le monde inférieur de '*Asiah* - action. En raison de la diminution beaucoup plus accrue de l'intensité de la lumière, les entités complètement physiques pourront exister.

Le monde de *Yetsirah* est de l'aspect du nom de *MaH* (45). Ainsi, *Yetsirah* est de l'aspect de la configuration de *Z'A*.

Anges

Il y a deux types d'anges : positif et négatif. Dans le monde de *Yetsirah* - formation, résident la plupart des différentes familles d'anges positifs.

Ils forment deux catégories :

- Les anges de la nature, qui furent créés au début de la création : ils sont responsables de la nature elle-même.
- Les anges de « récompense et punition » : ils accomplissent la volonté divine et sont remplacés constamment selon les actes des hommes.

Les anges positifs constituent dix groupes et sont divisés comme suit : trois groupes dans le monde de *Beriah* (création), six groupes dans le monde de *Yetsirah* (formation), et un groupe dans le monde de '*Asiah* (action). Chaque groupe d'anges a sa propre hiérarchie et est divisé en quatre camps : Michael, Gabriel, Uriel, et Raphaël. Il y a également des anges destructifs dans les mondes inférieurs ; ils se subdivisent dans le même ordre également. Ils se composent de dix groupes et sont au service de la force négative inférieure.

'Asiah - Monde de l'Action

Le quatrième monde à se dévoiler se nomme 'Asiah - action, le monde de l'existence physique. Il se trouve le plus éloigné de l'émanation de la lumière, qui a été maintenant filtrée par les trois mondes au-dessus de lui. Tout type d'existence physique est maintenant possible et même l'existence de forces opposées est permise. C'est le monde de l'homme comme entité composée de deux éléments contraires : une âme provenant du monde très haut de *Beriah*, et un corps physique du monde inférieur de '*Asiah*. Ces deux composants sont toujours en état de lutte, l'âme étant attirée vers les plus hautes dimensions de son origine spirituelle, alors que le corps lui, est plutôt entraîné vers les plaisirs physiques ainsi que les vanités de ce monde.

Le monde de '*Asiah* est de l'aspect du nom de *BaN* (52). Ainsi, '*Asiah* est de l'aspect de la configuration *Noukva - Séphira Malkhout*. C'est du dernier niveau des *Séphirot* de '*Asiah* (*Malkhout* de '*Asiah*) que la force négative a émergé.

En correspondance avec les quatre mondes (ABYA), il y a quatre types d'existence en notre monde :

- Minéral correspond à *'Asiah* (Action)
- Végétal correspond à *Yetsirah* (Formation)
- Animal correspond à *Beriah* (Création)
- Homme correspond à *Atsilout* (Emanation)

L'autre entité, qui se nomme *Sitra A'hra* (l'autre côté, ou la force négative), a ses propres quatre mondes d'*Atsilout*, *Beriah*, *Yetsirah* et *'Asiah*. Elle a également des configurations, *Séphirot*, *Hekhalot* et des anges, comme dans le monde positif, mais d'une force inférieure.

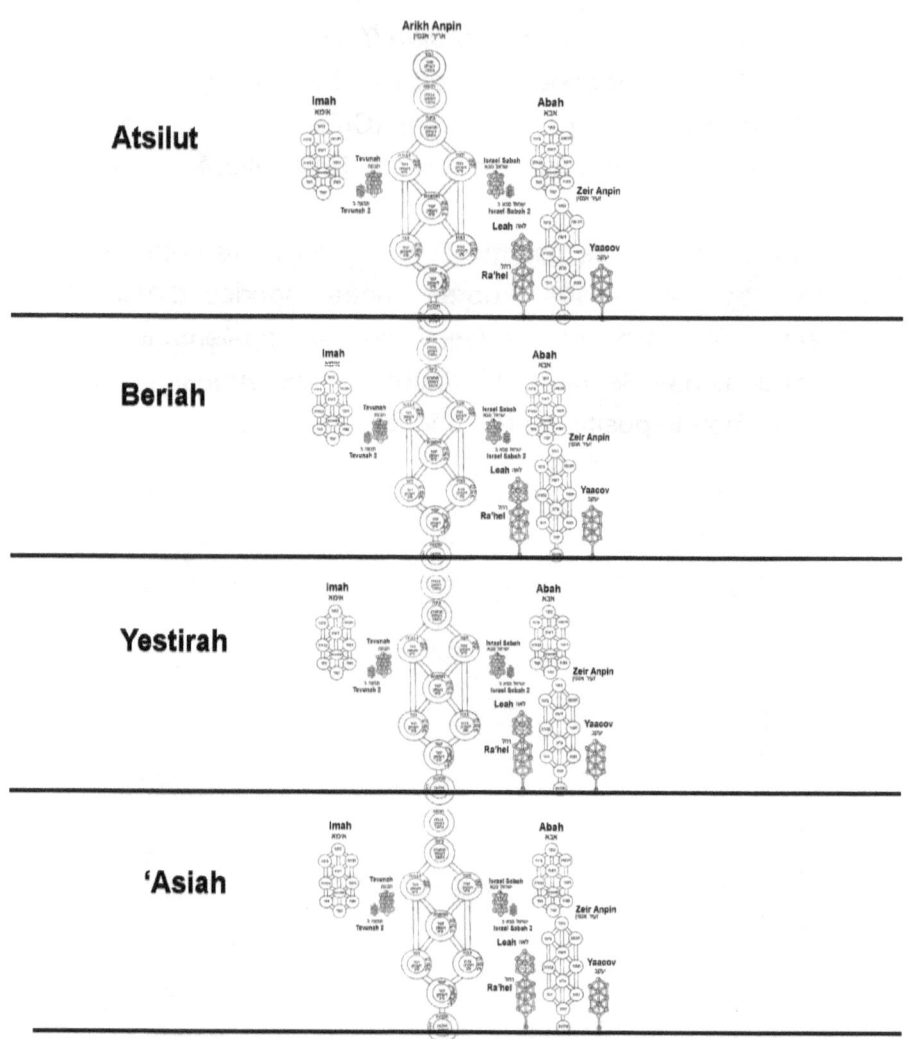

Chapitre 7

ÂMES

L'âme a cinq noms : *Nefesh*, *Roua'h*, *Neshama*, *'Haya* et *Ye'hida*, qui correspondent à ses cinq niveaux. Il y a beaucoup de divisions et de catégories d'âmes. Elles diffèrent selon leur origine ou leur niveau dans les dimensions supérieures.

Cinq niveaux de l'âme

L'âme a cinq niveaux, leurs noms sont : *Nefesh*, *Roua'h*, *Neshama*, *'Haya* et *Ye'hida*. L'âme est l'entité spirituelle à l'intérieur du corps, ce dernier n'étant que son vêtement extérieur. Chaque âme a une racine précise et une possibilité d'acquérir le plus haut niveau de cette racine. Tous viennent d'abord avec un niveau plus bas, et, s'ils méritent, atteignent le prochain plus haut niveau.

- *Nefesh* est le premier et plus bas niveau. Il est acquis à la naissance et avant les niveaux suivants. Il correspond au niveau du monde physique de *'Asiah* et de la configuration féminine *Noukva*.

- *Roua'h* est le deuxième niveau et est acquis avant les niveaux suivants. Il correspond au niveau du monde des anges - *Yetsirah* et de la configuration *Zeir Anpin*.

- *Neshama* est le troisième niveau et ne peut être acquis qu'après les niveaux de *Nefesh* et *Roua'h*. Il correspond au niveau du monde des âmes - *Beriah* et de la configuration *Imah*.

- *'Haya* est le quatrième niveau et ne peut être acquis qu'après les niveaux précédents. Il correspond au niveau du monde de l'Émanation - *Atsilout* et de la configuration *Abah*.

- *Ye'hida* est le cinquième et plus haut niveau ; il est très rarement atteint et ne peut être acquis qu'après le *Tikoun* (rectification) de tous les niveaux précédents. Il correspond aussi au niveau du monde de l'Émanation - *Atsilout* et de la configuration *Arikh Anpin*.

Âme	Monde	Configuration
Ye'hida	Atsilout	Arikh Anpin
Hayah	Atsilout	Abah
Neshama	Beriah	Imah
Roua'h	Yetsirah	Zeir Anpin
Nefesh	'Asiah	Noukva

Fig.13 Correspondance entre les cinq niveaux des âmes, quatre mondes et cinq configurations

Il y a beaucoup de divisions et de catégories d'âmes. Elles diffèrent selon leur origine ou leur niveau dans les dimensions plus élevées.

Chaque niveau d'âme est subdivisé en cinq niveaux. Ainsi pour le niveau de *Nefesh*, il y a *Nefesh* de *Nefesh*, *Roua'h* de *Nefesh*, *Neshama* de *Nefesh*, *'Haya* de *Nefesh* et *Ye'hida* de *Nefesh*. *Voir Fig. 14*

Nefesh	Roua'h	Neshama	'Haya	Ye'hida
Ye'hida	Ye'hida	Ye'hida	Ye'hida	Ye'hida
'Haya	'Haya	'Haya	'Haya	'Haya (2)
Neshama	Neshama	Neshama	Neshama	Neshama
Roua'h	Roua'h	Roua'h	Roua'h	Roua'h
Nefesh (1)	Nefesh	Nefesh	Nefesh	Nefesh

Fig. 14 Chaque niveau de l'âme a ses propres cinq niveaux

(1) *Nefesh* de *Nefesh* est le niveau le plus bas pour une âme

(2) *'Haya* de *Ye'hida* est presque le plus haut

Niveau	Nefesh	Roua'h	Neshama	'Haya	Ye'hida
Nefesh	Ye'hida	Ye'hida	Ye'hida	Ye'hida	Ye'hida
Nefesh	'Haya	'Haya (1)	'Haya	'Haya	'Haya
Nefesh	Neshama	Neshama	Neshama	Neshama	Neshama (3)
Nefesh	Roua'h (2)	Roua'h	Roua'h	Roua'h	Roua'h
Nefesh	Nefesh	Nefesh	Nefesh	Nefesh	Nefesh

Fig. 15 Chaque niveau de *Nefesh* se subdivise encore

Chaque niveau peut encore être subdivisé, par exemple :

(1) *'Haya* de *Roua'h* de *Nefesh* est un plus haut niveau que

(2) *Roua'h* de *Nefesh* de *Nefesh* mais inférieur à

(3) *Neshama* de Ye' hida de *Nefesh*

Chaque âme a son origine dans les différents mondes et configurations. La qualité d'une âme dépendra de quelle configuration et de quel monde elle a sa racine. Une âme avec une origine plus élevée sera de qualité supérieure, et aura un meilleur potentiel pour comprendre et s'approcher de son créateur. A la condition, bien sur, qu'elle agisse en conséquence et atteint son potentiel.

93

Chacun de ces niveaux d'âme se subdivise pour chaque niveau de *Partsouf* - configuration et pour chaque monde. Par conséquent, il y a cinq niveaux d'âme pour chaque configuration et il y a cinq niveaux de configurations pour chaque monde, etc.

Ame / Monde	'Asiah	Yetsirah	Beriah	Atsilout	Atsilout
Ye'hida	*Noukva(a)*	*Noukva*	*Noukva*	*Noukva*	*Noukva*
'Haya	*Noukva*	*Noukva*	*Noukva*	*Noukva (2)*	*Noukva*
Neshama	*Noukva*	*Noukva*	*Noukva*	*Noukva*	*Noukva*
Roua'h	*Noukva*	*Noukva*	*Noukva*	*Noukva*	*Noukva*
Nefesh	*Noukva(1)*	*Noukva (b)*	*Noukva*	*Noukva*	*Noukva*

Fig.16 : Toutes les possibilités de *Noukva* pour les 5 niveaux d'âmes et des mondes

(1) âme du niveau de *Nefesh* de *Noukva* de *'Asiah*

(2) âme du niveau du *'Haya* de *Noukva* de *'Atsilout*

Ye'hida de *Noukva* de *'Asiah* (a) est un niveau plus bas que *Nefesh* de *Noukva* de *Yetsirah* (b)

Chacun de ces niveaux peut encore se subdiviser en plusieurs, ajoutant ainsi de nombreuses possibilités. En outre, comme il y a dix *Séphirot* dans chaque *Séphira*, monde et *Partsouf*, l'origine d'une âme pourrait être d'une des subdivisions ci-dessus, subdivisée encore selon les dix *Séphirot*.

NEFESH	'Asiah	Yetsirah	Beriah	Atsilout	Atsilout
Keter	Noukva	Z'A	Imah	Abah	Arikh
'Hokhma	Noukva	Z'A	Imah	Abah	Arikh
Binah	Noukva	Z'A	Imah	Abah	Arikh
Da'at	Noukva	Z'A	Imah	Abah	Arikh
'Hesed	Noukva	Z'A	Imah(2)	Abah	Arikh
Gevourah	Noukva	Z'A	Imah	Abah	Arikh
Tiferet	Noukva(1)	Z'A	Imah	Abah	Arikh
Netsa'h	Noukva	Z'A	Imah	Abah	Arikh
Hod	Noukva	Zeir	Imah	Abah	Arikh
Yesod	Noukva	Zeir	Imah	Abah	Arikh
Malkhout	Noukva	Zeir	Imah	Abah	Arikh

Fig.17 Toutes les possibilités pour *Nefesh* pour les 10 *Séphirot* et 4 mondes

(1) âme du niveau de *Tiferet* de *Nefesh* de *Noukva* de *'Asiah*

(2) âme du niveau du *'Hesed* de *Nefesh* d'*Imah* de *Beriah*

Plus de divisions et de subdivisions sont possibles, puisque chaque *Séphira* se subdivise en dix presque indéfiniment. Chaque *Partsouf* - configuration se subdivise également en dix *Séphirot* ajoutant encore bien plus de possibilités.

Etant donné que ce sont les hommes qui provoquent l'union des *Séphirot* entre elles, soit avec leurs prières, ou l'observation des commandements, il est pour cela nécessaire que l'origine de leurs âmes provienne aussi de ces *Séphirot*, chacune selon son niveau.

Séphira	Niveau de l'âme		Tetragrame
Keter	Ye'hida	י	Extremité du Youd
'Hokhma	Hayah	י	Youd
Binah	Neshama	ה	Premier HeY
'Hesed	Roua'h	ו	Vav
Gevourah	Roua'h	ו	Vav
Tiferet	Roua'h	ו	Vav
Netsa'h	Roua'h	ו	Vav
Hod	Roua'h	ו	Vav
Yesod	Roua'h	ו	Vav
Malkhout	Nefesh	ה	Second HeY

Le but de l'homme est d'atteindre successivement chacun des plus hauts niveaux de son âme ; pour cela, il devra faire le *Tikoun* des niveaux précédents. Les niveaux plus élevés de l'âme ne peuvent être acquis en une fois.

La plupart des hommes n'ont que le niveau de *Nefesh*, et s'ils méritent, ils acquerront les niveaux suivants – un à un, en mourant et en se réincarnant. Ainsi si il doit acquérir le niveau d'*Imah* de 'Asiah, il devra en premier faire le *Tikoun* de *Malkhout* de 'Asiah, *Z'A* de 'Asiah, et ainsi de suite. Pour acquérir son niveau de *Neshama*, il doit faire le *Tikoun* de tous les niveaux des *Séphirot* et configurations de son *Nefesh* et *Roua'h*, etc.

Faire ce *Tikoun* pourrait prendre quelques vies, l'âme se réincarnera alors autant de fois que nécessaire pour l'accomplir.

Toutes ces possibilités complexes ont seulement un but ; permettre à l'homme de mériter par ses propres efforts et de s'approcher encore plus de son créateur. Pour cela, il devra acquérir un plus haut niveau d'âme, et élever ses voies en faisant son propre *Tikoun*.

Chapitre 8

RÉINCARNATION

Le *Gilgoul* est la réincarnation d'une âme dès la naissance jusqu'à la mort, le *'Ibour* est un attachement à une âme déjà incarnée, par une autre âme qui pourrait venir et partir n'importe quand. Quand l'homme a accompli son *Tikoun*, son âme peut maintenant monter aux mondes supérieurs et ainsi rejoindre sa source. Mais si l'homme ne fait pas le *Tikoun* du niveau de son âme pour lequel il est venu, il revient et se réincarne.

Gilgoul - Réincarnation

Pour s'élever de son niveau original, une âme doit se réincarner afin de faire son *Tikoun*. Ce *Tikoun* de l'âme est réalisé par le *Gilgoul* (réincarnation) et/ou par le 'Ibour (attachement). Le *Gilgoul* étant la réincarnation d'une âme dans un corps dès sa naissance jusqu'à sa mort, le *'Ibour* est un attachement temporaire d'une âme à une âme déjà incarnée.

Si l'homme ne fait pas le *Tikoun* pour le niveau de son âme pour lequel il est venu, il revient et se réincarne dans un nouveau corps pour une nouvelle vie. Tant qu'il entreprend le *Tikoun* de son âme dans trois réincarnations, il reviendra à plusieurs reprises, autant que nécessaire, pour accomplir son *Tikoun*. Cependant, s'il maintient son comportement négatif, ne s'améliore pas et n'avance pas dans son *Tikoun*, il ne retournera pas après la troisième réincarnation.

Il y a différentes raisons pour lesquelles une âme pourrait avoir à revenir et se réincarner. Cela pourrait être afin de réparer ou rectifier un ou des actes pour lesquelles elle aurait causé des dommages, ou pour ne pas avoir accompli certaines *Mitsvot* - commandements. Le secret et les raisons de l'accomplissement des *Mitsvot* est d'aider, ou accomplir le *Tikoun* de l'âme.

De même qu'il y a 613 parts de l'âme, et 613 veines et os dans l'homme, pareillement, il y a 613 *Mitsvot* et 613 lumières dans chaque *Séphira* ou configuration. Chaque *Mitsva* correspond à une part de l'âme et du corps ; en exécutant un commandement positif ou en évitant un négatif, la partie correspondante de l'âme est renforcée et réparée. En n'accomplissant pas la *Mitsva* positive ou en n'évitant pas une négative, on cause un dommage direct à l'âme, ce qui exigera réparation dans cette vie, ou dans une future réincarnation.

Ce n'est qu'en ayant une autre chance de faire ou défaire ce qu'il aurait dû faire ou ne pas faire, que l'homme fait le *Tikoun* nécessaire de son âme, qui peut maintenant s'élever aux royaumes plus élevés et ainsi rejoindre sa source.

Il y a différents niveaux dans une âme, et chacun d'eux correspond à une *Séphira*, à une configuration ou à un monde particulier. Les systèmes pour le *Tikoun* des âmes sont complexes et suivent un ordre de priorité précis du plus bas au plus haut niveau. Pour son *Tikoun*, une âme doit d'abord réparer ce qui est endommagé ou manquant dans un niveau plus bas, avant de se déplacer au prochain.

Pour atteindre le prochain plus haut niveau de son âme, l'homme doit complètement accomplir le *Tikoun* du niveau précédent.

Les cinq niveaux de l'âme - *Nefesh*, *Roua'h*, *Neshama*, *'Haya* et *Ye'hida*, correspondent aux quatre mondes de *'Asiah*, *Yetsirah*, *Beriah* et *Atsilout*.

Ame	Monde
Ye'hida	Atsilout
'Haya	Atsilout
Neshama	Beriah
Roua'h	Yetsirah
Nefesh	'Asiah

Fig.19

Pour atteindre son niveau de *Roua'h*, qui correspond à *Yetsirah*, l'homme doit accomplir le *Tikoun* de son *Nefesh*, correspondant à *'Asiah*. Pour chaque monde il y a cinq niveaux d'âme ; donc, chaque monde se subdivise encore en cinq niveaux. *Voir Fig. 20*

Niveau	'Asiah	Yetsirah	Beriah	Atsilout
5	Ye'hida	Ye'hida	Ye'hida	Ye'hida
4	'Haya	'Haya	'Haya	'Haya
3	Neshama	Neshama	Neshama	Neshama
2	Roua'h	Roua'h	Roua'h	Roua'h
1	Nefesh	Nefesh	Nefesh(1)	Nefesh

Fig. 20

Pour obtenir son premier niveau de *Neshama* qui correspond à *Nefesh* de *Beriah* (1), l'homme doit accomplir le *Tikoun* de tous ses niveaux de *Nefesh*, *Roua'h*, *Neshama*, *'Haya* et *Ye'hida* des mondes de *'Asiah* et *Yetsirah* afin de réparer complètement ses niveaux de *Nefesh* et de *Roua'h*, et ainsi pouvoir obtenir son niveau de *Neshama*.

103

Pour chaque monde, il y a également cinq niveaux d'âme correspondant aux cinq *Partsoufim*.

Niveau	'Asiah	Yetsirah	Beriah	Atsilout
5	Arikh Anpin	Arikh Anpin	Arikh Anpin (2)	Arikh Anpin
4	Abah	Abah	Abah	Abah
3	Imah	Imah	Imah	Imah
2	Z'A	Z'A	Z'A	Z'A
1	Noukva	Noukva	Noukva	Noukva

Fig. 21

Pour obtenir son plus haut niveau de *Neshama*, qui correspond à *Arikh Anpin* de *Beriah* (2), l'homme doit accomplir le *Tikoun* des cinq *Partsoufim* de 'Asiah et *Yetsirah* et des quatre premiers *Partsoufim* de *Beriah*.
Les cinq niveaux d'âmes correspondent également aux cinq configurations.

Ame	Configuration
Ye'hida	Arikh Anpin
'Haya	Abah
Neshama	Imah
Roua'h	Zeir Anpin
Nefesh	Noukva

Fig. 22

Les niveaux plus élevés de l'âme ne peuvent être acquis en une fois. La plupart des hommes ont seulement le niveau de *Nefesh*. S'ils méritent, ils acquerront ou se réincarneront pour obtenir les prochains niveaux – un à un.

Généralement, le niveau de *Roua'h* ne peut venir avant l'âge de treize ans, le niveau de *Neshama* avant vingt ans, et les autres niveaux après. Il est possible de faire le *Tikoun* de tous les niveaux en une vie. Pour cela, tous les niveaux doivent être réparés un après l'autre dans la même vie, et ce doit être la première fois que cette âme vient dans ce monde.

Si l'homme ne fait que le *Tikoun* de son niveau de *Nefesh*, il n'obtiendra pas son *Roua'h* ; il doit mourir d'abord et revenir pour l'obtenir dans sa nouvelle vie. S'il fait le *Tikoun* de son *Roua'h* dans sa nouvelle vie, il n'obtiendra pas son niveau de *Neshama*. Il doit mourir encore et alors revenir avec ses deux niveaux de *Nefesh* et de *Roua'h* et essayer d'obtenir son niveau de *Neshama*. Une fois que ces trois niveaux sont acquis, il n'a pas besoin de se réincarner davantage.

Chaque *Séphira* correspond à un niveau d'âme

Séphira	Niveau de l'âme
Keter	*Ye'hida*
'Hokhma	*Hayah*
Binah	*Neshama*
'Hesed	*Roua'h*
Gevourah	*Roua'h*
Tiferet	*Roua'h*
Netsa'h	*Roua'h*
Hod	*Roua'h*
Yesod	*Roua'h*
Malkhout	*Nefesh*

Fig. 23

Chaque niveau d'âme correspond à une des lettres du nom de D.

Niveau de l'âme		Tetragrame
Ye'hida	'	Extremité Youd
Hayah	'	Youd
Neshama	ה	Premier HeY
Roua'h	ו	Vav
Nefesh	ה	Second HeY

Fig. 24

'Ibour - Attachement

Pour l'aider à faire le *Tikoun* de son âme, une autre âme pourrait s'attacher à la sienne (*'Ibur*) afin de l'aider à faire la réparation nécessaire, ou accomplir la *Mitsvot* manquante. Quand il l'accomplit, cette âme supplémentaire peut rester plus longtemps, ou repartir. La *Mitsva* manquante pourrait être une qu'il a choisi de ne pas faire, ou une qu'il ne pouvait accomplir dans sa vie précédente.

En général l'âme qui s'attache à lui est d'une origine plus pure et plus élevée, provenant d'un membre de sa famille, ou d'un Tsadik. Tant qu'il agira de manière positive cette âme pourrait rester attachée à la sienne, mais s'il agit négativement ou rend cette âme inconfortable, elle repartira.

106

Il y a un *Levush* (vêtement ou enveloppe), que l'âme nécessite afin de s'attacher au corps de l'homme (*Gilgoul*), et quand une autre âme s'attache à lui (*'Ibur*), elle pourrait employer le même *Levush* pour demeurer dans lui.

Parfois l'âme entière n'a pas besoin de revenir ; au lieu de cela, seulement les parties qui doivent être réparées (en accomplissant les *Mitsvot* manquantes) reviennent. Les différentes parties d'une âme pourraient aussi se réincarner chez plus d'une personne dans une même vie, afin d'accomplir le *Tikoun*.

Il y a quatre types d'existence dans notre monde :
*   Minéral correspondant à *'Asiah* (Action)
*   Végétal correspondant à *Yetsirah* (Formation)
*   Animal correspondant à *Beriah* (Création)
*   Homme correspondant à *Atsilout* (Emanation)

L'homme pourrait se réincarner dans un de ces quatre types d'existence, minéral étant la punition la plus dure en raison de son incapacité à agir. Mais généralement, afin de faire son *Tikoun*, il ne se réincarnera pas dans un minéral, ou végétal, et rarement dans un animal.

La raison de tous ces systèmes complexes de réincarnation a seulement un but : donner à l'homme la possibilité de surpasser sa limitation principale, qui est le temps, en revenant à plusieurs reprises pour faire le *Tikoun* de son âme et pour mériter un meilleur endroit dans le *'Olam Haemet* - monde de la vérité.

Chapitre 9

DIRECTION

La volonté du Créateur est d'accorder bonté à Ses
créatures, tous les niveaux de la création ont été mis en
place afin que Sa bonté puisse émaner pleinement sur eux.
La direction des mondes se fait par l'influence des
différentes *Séphirot* et *Partsoufim* (configurations).

La Direction

Au début, le Créateur était seul, remplissant tout espace par Son énergie. Il n'accordait pas Son influence parce qu'il n'y avait personne pour la recevoir. Quand Il a voulu créer, Il commença à influencer. La Kabbalah est la seule science qui, dans les moindres détails, nous explique la véritable direction des mondes, afin de comprendre la volonté de D..

La volonté du Créateur est d'accorder la bonté à Ses créatures, tous les niveaux de la création et leurs directions furent mis en place afin que Sa bonté puisse leur être émanée, mais d'une manière où ils seraient capable de la recevoir.

La lumière de D. est unique, de forces et qualités égales, et au delà de toute description. La direction du monde se manifeste par différents types d'attributs tels que bonté, rigueur, miséricorde, etc. Cette lumière unique est donc transformée ou filtrée par d'autres lumières, pour lui donner diverses qualités ou forces. Cela, afin de permettre une direction basée sur les systèmes de libre choix, punition et récompense.

Ces lumières secondaires « transformantes » s'appellent *Séphirot* ou *Partsoufim* - configurations, ainsi qu'attributs ou qualités de D.. Une *Séphira* est, en quelque sorte, un «filtre» qui, quand cette lumière unique la pénètre, la transforme en force ou qualité particulière par lesquelles le Créateur guide les mondes.

La Kabbalah nous explique avec grande précision cette véritable direction, et comment les mondes sont guidés par ces systèmes extrêmement complexes de forces ou lumières, qui par leurs interactions provoquent des réactions en chaîne qui influent directement sur l'homme et les mondes. Chacune de ces réactions a de nombreuses ramifications avec nombre de détails et résultats.

Ces systèmes complexes de forces ou lumières sont les différents *Tikounim* (actions) et *Zivougim* (unions) des *Séphirot* et configurations, pour influencer et faire la direction par leurs différents arrangements et amalgamations.

Il y a deux principaux types de direction :
- La direction générale, qui est pour la subsistance des mondes, et n'est pas influencée par les actions des hommes.
Cette direction se fait au moyen des *Séphirot* encerclantes.

- La direction variable, qui est basée sur le système de justice, récompense et punition. Cette dernière est dépendante du temps et des actions de l'homme.

Cette direction se fait par l'intermédiaire des *Séphirot* linéaires qui sont arrangées en trois colonnes : droite, gauche et milieu, représentant la direction du monde selon le système de bonté, rigueur et miséricorde. Voir Fig.25

Rigueur   Miséricorde   Bonté

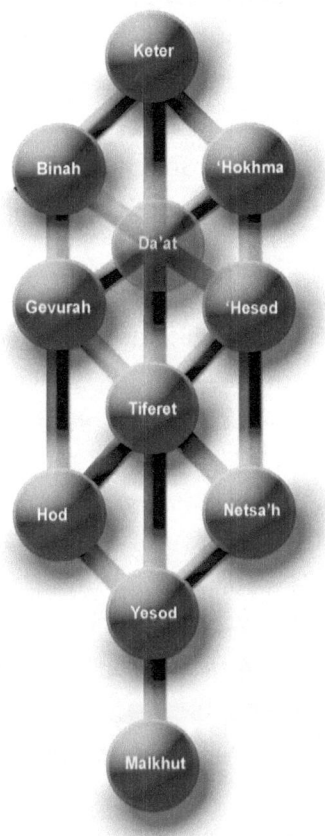

Fig. 25

La direction est principalement influencée par les différents positionnements et interactions des configurations masculines et féminines, puisqu'elles ont un effet direct sur

113

la mesure et l'équilibre des facteurs de bonté, rigueur et miséricorde.

Les configurations masculines accordent la bonté, les féminines accordent la rigueur. Par leurs unions, différents équilibres de ces deux forces de bonté et rigueur font la direction. La pleine rigueur serait la destruction de tout ce qui n'est pas parfait, alors que la pleine bonté permettrait tout sans restriction. Cependant, ces deux aspects sont nécessaires pour cette direction basée sur la justice, et pour ainsi donner à homme la possibilité de libre choix.

La direction se manifeste par trois attributs principaux :
• L'attribut de la bonté – colonne droite
• L'attribut de la rigueur – colonne gauche
• L'attribut de la miséricorde – colonne centrale

L'attribut de bonté

La bonté se manifeste principalement par tous les aspects masculins des configurations, par la *Séphira 'Hesed*, par les voilements des aspects de la rigueur, et par des illuminations des lumières supérieures.

Il y a des moments spéciaux, ou des jours de générosité, pendant l'année, tel que le Shabbat et les jours de fêtes. Ceci dépend des différentes positions des configurations. Quand les configurations masculines et féminines sont face à face, c'est le niveau idéal, correspondant au déversement de l'abondance. Dans l'attribut de bonté, la direction provient du pilier droit - le pilier de la bonté.

114

L'attribut de jugement (rigueur)

La rigueur est la plupart du temps manifestée par les aspects féminins tels que: le nom de *BaN* (52), la *Séphira Gevourah*, et par le voilement des aspects masculins qui représentent la bonté.

Il y a des moments particuliers, ou des jours de rigueur pendant l'année. Cela dépend des différentes positions des configurations. En l'absence de *Zivoug* (union), quand les configurations masculines et féminines sont dos à dos, cela correspond à la simulation et à la rigueur. Dans l'attribut de jugement, la direction est plutôt du pilier gauche - le pilier de la rigueur.

L'attribut de miséricorde

Dans l'attribut de miséricorde, la direction est plutôt du pilier central - le pilier de la miséricorde. Cet attribut fait l'équilibre entre les attributs de bonté et rigueur, afin de permettre une direction plus équilibrée pour l'existence actuelle. Sans cet équilibre, il n'y aurait pas de possibilité de direction basée sur le mérite - récompense et punition, également appelée direction de la justice.

La volonté

Tous les Kabbalistes conviennent qu'il n'est pas possible de comprendre, ou d'avoir la moindre notion de la nature de D., puisque notre compréhension ne peut atteindre ce niveau.

Cependant, en comprenant ces systèmes de direction, nous pouvons apprendre à comprendre Sa volonté, comment et pourquoi Il a créé les mondes, de quelle manière Il les dirige, le but de cette existence, du mal, et les raisons du dualisme de récompense et punition, etc.

C'est en comprenant Sa volonté que nous nous rendons compte de l'importance de l'homme, car seulement lui, en s'approchant plus près du créateur et en observant Ses commandements, peut influencer ces incroyables forces qui influent directement sur la direction des mondes.

La volonté de donner

La volonté du Créateur est d'accorder principalement la bonté sur Ses créatures, et d'amener ainsi toute la création à participer à la révélation de Son unicité à la fin des six mille années. C'est afin de donner à l'homme la possibilité de mérite que Sa pleine bonté est en quelque sorte voilée, et que les manifestations des aspects de rigueur sont mises en force.

Il n'y a pas d'existence qui ne se compose des aspects du nom de *MaH* (45) ou de *BaN* (52) ; l'influenceur et le récepteur, le masculin et le féminin, la bonté et la rigueur etc. L'*Ein Sof*, B'H, influence quand il y a instigation du récepteur, ce dernier correspondant à l'aspect féminin de réception de *BaN* (52). Cette influence est transmise par les différentes illuminations des *Séphirot*, et ensuite aux mondes.

Ce sont les différents équilibres des deux forces de bonté et de rigueur qui font la direction. Quand les rigueurs dominent, la sévérité règne, quand c'est la générosité, la paix et la bonté sont accordées. Ainsi, nous voyons que tout ce qui est, et qui se produit, se compose toujours de mesure et d'équilibre variable de ces deux forces.

En permettant à l'homme de mériter par ses propres efforts de se rapprocher de son créateur et de recevoir sa bonté, nous voyons par là une très claire démonstration de Sa parfaite justice.

La volonté de recevoir

De par sa nature, l'homme est lui-même un *Kéli* (récipient) avec une volonté de recevoir sans limites, et contenant une lumière spirituelle ; son âme. Une direction basée sur ce désir de toujours recevoir ne pourrait permettre à l'homme de mériter par ses propres efforts de se rapprocher de son créateur.

Ces forces attrayantes du bien et du mal, influencent les choix de l'homme ainsi que la façon, et les niveaux de son service au Créateur. C'est par son propre choix qu'il choisira sa voie et contrôlera ainsi ces forces contraires.

Le but parfait pour l'homme est d'élever ses désirs corporels en sanctifiant ses manières, et ressembler à son créateur, en devenant un donneur avec une volonté d'accorder la bonté à tous.

Le libre choix

Les deux principaux aspects de la direction actuelle, qui sont bonté et justice, ont été mis en place pour donner à l'homme la possibilité de servir le Créateur par son libre choix.

À la création, quand la cassure des sept *Séphirot* causèrent un important dommage, D. émana des lumières de l'aspect du nom de *MaH* (45) pour réparer la détérioration provoquée par cet apport non équilibré des énergies. Il aurait pu faire le *Tikoun* complet (réparation) de tous les mondes avec une seule émanation, mais alors, il n'y aurait pas eu de possibilité pour l'homme de participer à ce *Tikoun*.

Pour donner à l'homme la possibilité de réparer et d'agir sur la création, D. d'une certaine manière, a retenu son déversement de bonté à ce monde, pour permettre à l'homme d'obtenir un mérite en faisant le *Tikoun* de son libre choix.

Alors que les actes positifs de l'homme ont un effet sur les quatre mondes supérieurs, ses actes négatifs ont des conséquences sur les quatre mondes inférieurs. Ce n'est que lorsque l'homme pèche, que le côté négatif peut se renforcer.

La racine de la *Sitra A'hra* (force négative) est dans le manque ou l'absence de *Kedoushah* (sainteté). Son existence a été voulue par le créateur pour ainsi donner à l'homme le libre choix.

La bonne et mauvaise impulsion

Ces forces de bien et de mal, positives et négatives, sont en constante bataille au niveau du monde de '*Asiah* (notre monde physique). À l'intérieur de l'homme, ces forces sont : *Yetser Hatov* correspondant à ses bonnes ou positives impulsions, et *Yetser Hara'* correspondant à ses mauvaises ou négatives impulsions.

Cet aspect négatif (*Yetser Hara'*) se développe à l'intérieur de l'homme, le coupe des mondes supérieurs, et le déracine de la *Kedushah* - sainteté. Il essaie presque constamment de le séduire et le faire trébucher, alors que le *Yetser Hatov* (aspect positif), à l'opposé, essaie de l'attirer à la *Torah* et aux *Mitsvot*, et l'aider à faire le *Tikoun* de sa *Neshama*.

Sans ces deux aspects de *Yetser Tov* et de *Yetser Hara'*, les hommes seraient comme des anges, sans pouvoir décider de leurs actions ou de leur service au Créateur. Par conséquent, ils ne gagneraient aucun mérite de choisir le bien au lieu du mal ou d'observer Ses commandements.

Le libre choix est en conséquence un système de justice parfaite, par lequel les hommes sont punis ou récompensés selon leurs propres décisions et libre choix.

Les noms de D.

Les forces ou énergies qui font, ou influencent la direction sont également identifiées ou décrites comme les différents noms de D.. Voir Fig. 26

Les principaux noms sont :

- Y-H-V-H - י-ה-ו-ה
- *Ein Sof* - אין סוף
- Adona-y - אדנ- י
- Ahy-h - אהי-ה

Séphira	Nom	
Keter	אהי-ה	AHY-H
'Hokhma	י-ה	YH
Binah	י-ה-ו-ה	YHV-H (vowels of Elohi-m)
Da'at	אהו-ה	AHV-H
'Hesed	אל	EL
Gevourah	אלהי-ם	Elohi-m
Tiferet	י-ה-ו-ה	YHV-H
Netsa'h	יהו-ה –צבאות	YKVK Tsebaot
Hod	אלהי-ם צבאות	Elohi-m Tsebaot
Yesod	שד- י	Shada- y
Malkhout	אדנ- י	Adona- y

Fig. 26

Ein Sof

Ein Sof - sans limites ou infini, est le nom de D. le plus utilisé dans la Kabbalah. Etant donné que sa lumière ou énergie ne peuvent être mesurées par aucune définition ou termes limitatifs, nous employons donc le nom « *Ein Sof* » (sans limite) car nous savons et admettons que D. et le concept de sans limites ou sans fins, est au delà de notre compréhension humaine. Ce nom représente la bonté.

Adona-y

Ce nom représente l'aspect féminin de D. ; il a un aspect de rigueur et est représenté par la *Séphira Malkhout*. Il représente également les configurations féminines de Ra'hel et Leah. Étant donné que les prières des hommes sont d'abord dirigées vers la *Séphira Malkhout* avant qu'elles ne puissent être transmises plus haut, ce nom représente également le rapport le plus étroit entre l'homme et son créateur.

Ahy-h

Ce nom représente l'aspect masculin supérieur de D., et est représenté par la *Séphira Keter*. Il représente la bonté avec la crainte de D..

Elohi-M

Nom de D., représenté par la *Séphira Gevourah*. En général il dénote la rigueur dans les actions de D..

Y-H-V-H *(יהו-ה)*

Le nom premier de D. il indique la bonté et la miséricorde, représenté par la *Séphira Tiferet*. Tout ce qui a été créé, a son origine dans ces quatre lettres. La direction est principalement manifestée par ce nom et ses différentes épellations, qui deviennent par là de nouveaux noms.

En épelant chacune des quatre lettres de ce nom différemment, la valeur numérique du nom change, et chacune de ces possibilités devient différente dans sa nature et actions.

בן	*BaN*	*52*
מה	*MaH*	*45*
סג	*SaG*	*63*
עב	*'AV*	*72*

Les quatre *Milouyim* (épellations) sont :

		ה	ו	ה	י	
'AV	עב	הי	ויו	הי	יוד	
		15	22	15	20	= 72
SaG	סג	הי	ואו	הי	יוד	
		15	13	15	20	= 63
MaH	מה	הא	ואו	הא	יוד	
		6	13	6	20	= 45
BaN	בן	הה	וו	הה	יוד	
		10	12	10	20	= 52

Chaque nom peut également être divisé et subdivisé pour décrire encore avec plus de précision les différents résultats et manifestations de ces énergies :
'AV de *'AV*, *SaG* de *'AV*, *MaH* de *'AV* ...
BaN de *BaN* de *SaG*, *SaG* de *MaH* de *'AV* etc.

Les lumières ou forces qui s'habillent dans ces lettres ou leurs combinaisons, émanent les configurations masculines ou féminines qui font la direction des mondes.

Chapitre 10

PRIÈRES

L'ordre des *Tefilot* - prières - est basé sur les systèmes d'ascension des mondes, tel qu'expliqués dans la Kabbalah. À ce niveau, nous comprenons que nos prières ont une influence directe sur les mondes supérieurs et sur leur direction. Quand on comprend les systèmes et les actions des prières, on se rend compte de l'importance de nos rituels, car seul l'homme, en priant et en exécutant les *Mitsvot*, peut influencer ces incroyables forces.

Tefilah - Prière

L'ordre des prières est basé sur les systèmes d'ascension des mondes, tel qu'expliqués dans la Kabbalah. Le but de cette ascension des mondes est de provoquer une union entre les configurations masculines et féminines, afin qu'elles puissent accorder des énergies positives en raison de cette harmonie. À ce niveau de compréhension, nous comprenons que nos prières ont une influence directe sur les mondes supérieurs, ainsi que sur leur direction.

Commençant par le premier acte du matin de *Netilat Yadayim* (lavage des mains trois fois en alternance), jusqu'à la fin de la *Tefilah*, il y a une constante ascension et adhérence des mondes de *'Asiah* (action), de *Yetsirah* (formation) et de *Beriah* (création) au quatrième monde supérieur d'*Atsilout* (émanation).

Ceci se fait par les *Hekhalot* (portails) ; ils sont les différents niveaux d'ascension des prières avant d'atteindre pendant la *'Amidah* le monde de *Atsilout*. Leur fonction principale est de permettre dans un ordre précis, l'adhérence et l'attachement de ces mondes.

Pendant les prières, quand un homme comprend ce système d'ascension des *Hekhalot*, il se concentre sur les mots ou les noms, par lesquels est insinué l'action précise du Hekhal (portique) qui fait cette ascension. *Voir Fig. 28*

Pour monter d'un monde au suivant, un nom secret appelé *MaV* (42), est insinué pendant le *Kadish*, afin de rendre cette ascension possible.

127

Ce nom secret de 42 lettres se compose des quatre lettres du nom ‎ה-ו-ה-י le *Milouy* (épellation) de chacune des quatre lettres pour un total de dix lettres, et le *Milouy* de chacune de ces dix lettres pour un total de vingt-huit. Ce nom est insinué alors que nous répondons *Yehe Sheme* ..... jusqu'à - *Be'alma*. Le Kadish rend possible la montée de chaque monde vers son prochain et la redescente par après à partir du monde d'*Atsilout* jusqu'à celui de '*Asiah*.

	Hekhal / Portal	**Correspondant**
Premier	לבנת הספיר (*Livnat Hasapir*)	*Yesod* - *Malkhout*
Second	עצם השמים (*Etsem Hashamayim*)	*Hod*
Troisième	נוגה (*Nogah*)	*Netsa'h*
Quatrième	זכות (*Zekhut*)	*Gevourah*
Cinquième	אהבה (*Ahavah*)	*'Hesed*
Sixième	רצון (*Ratson*)	*Tiferet*
Septième	קדש קדשים (*Kodesh Kodashim*)	*Keter, 'Hokhma, Binah*

Fig. 28

Le but de toutes prières est d'aider à préparer les différentes configurations masculines et féminines pour leur *Zivoug* (union). Ce n'est qu'une fois qu'elles s'unissent que notre

«*Avodah*» (travail - devoir) est fait, et qu'en raison de cette parfaite harmonie nous pouvons maintenant recevoir d'en haut.

Il ne peut y avoir d'abondance que lorsque le masculin et le féminin sont en harmonie. Chaque jour, selon les actions de l'homme, les prières pendant la semaine, le *Shabbat* ou les jours de fêtes, et selon le temps, diverses configurations permettent différents *Zivougim* (unions), et donc des déversements d'abondance d'intensités variables.

Chaque nouveau jour est d'une nouvelle émanation qui le régit. Pour chaque jour, il y a de nouvelles configurations des différents aspects des configuration masculine *Z'A* et de son féminin - *Noukva*.

Un plein jour est divisé en deux : jour et nuit ; et chaque moitié est de nouveau divisée en deux (aube et jour, crépuscule et nuit). Pour chacune des parties, il y a une prière, pour les deux parties du jour - *Sha'hrit* et *Min'ha*, et pour les deux parties de la nuit - *'Arvit* et *Tikoun 'Hatsot*.

Généralement, les *Zivougim* - unions des configurations sont :
• *Sha'hrit* - configurations Ya'acov et Ra'hel
• *Min'ha* de - configurations Israel et Leah
• *'Arvit* - configurations Ya'acov et Leah (du thorax vers le haut)
• *Tikoun 'Hatsot* - configurations Ya'acov et Leah (du thorax vers le bas) –
• L'union des configurations Israel et Ra'hel est réalisé pendant la prière de *Mousaf* de *Shabbat* et à d'autres occasions spéciales.

Lorsque l'on comprend les systèmes et les actions des prières, on se rend compte de l'importance de nos rituels, car l'homme en priant, agit directement sur ces incroyables forces.

Kavanah - Concentration

Pour atteindre un rôle plus actif dans l'unification des différentes configurations, on doit comprendre et se concentrer en priant. Il y a différents niveaux de *Kavanah* - concentration. La *Kavanah* de base est de comprendre les mots, et se concentrer sur l'intention des bénédictions ou prières. Un plus haut niveau est de méditer sur les différents systèmes de permutation des noms et des configurations, afin obtenir une action ou un résultat particulier. Chaque mot ou partie de prières a sa propre action ou but. Ces actions sont initiées par la concentration sur les différents noms de D., de leurs appellations et d'autres arrangements des *Autiot* - lettres.

En disant une bénédiction avec la méditation Kabbalistique sur les mots ou les noms appropriés, nous agissons et participons directement sur le *Tikoun* - rectification de l'action ou de la chose bénie. Le but de la plupart des bénédictions récitées avant et après avoir mangé a pour but de libérer les âmes qui ont été réincarnées dans ces éléments comestibles.

En priant, il est important de faire partie d'un *Minyan* - un groupe au minimum de dix hommes. Sans ce nombre minimum, le *Kadish* et d'autres parties importantes de la prière ne peuvent être récitées. Pour la prière du matin, on doit également porter un *Talit* - châle de prière, et des *Tefilin* – phylactères, sur la tête et enveloppés sur le bras gauche.

Tefilin – Talit
Phylactères - châle de prière

Puisque le but est de faire unir les énergies supérieures masculines et féminines, l'homme doit, en quelque sorte, «ressembler» physiquement à la configuration masculine supérieure, c.-à-d. configuration *Zeir Anpin*. Les *Tefilin* sur la tête représentent les lumières directives qu'il reçoit de la configuration supérieure d'*Imah* ; les *Tefilin* sur la main représentent la configuration féminine qu'il attache à son côté gauche. Le *Talit* représente ses lumières encerclantes données également par la configuration *Imah*.

Après que la configuration *Zeir Anpin* reçoit ses lumières directives de la configuration plus élevée d'*Imah* et qu'elles entrent dans sa tête, elles émergent de son front vers l'extérieur en quatre différentes lumières. Les *Tefilin* de la tête représentent ces lumières ; elles comportent quatre compartiments, chacun contenant une partie de texte de la *Torah*, écrit sur un parchemin. Chacune de ces quatre lumières projette également vers l'extérieur un aspect de *Levush* (vêtement), qui sont les quatre compartiments pour les *Parashiot*.

Puisque les *Mo'hin* sont des lumières directives qui comportent dix *Séphirot*, les *Tefilin* sont une représentation de ces dix lumières :
Les quatre compartiments sur le front sont les *Séphirot HBD* - 'Hokhma, Binah, Da'at (qui se divisent en deux).

Les deux lanières sur les côtés de la tête sont les *Séphirot* *'Hesed* et *Gevourah*.

Le noeud sur le dos est la *Séphira Tiferet*.

Les deux lanières qui descendent des côtés sont les *Séphirot Netsa'h* et *Hod* : *Netsa'h* jusqu'au thorax et *Hod* jusqu'au nombril.

Le noeud qui fait le ' (*Yud*) sur le *Tefilin* de la main est la *Séphira Yesod* de la configuration *Z'A*. De là (le bras de *Z'A*), la construction de la configuration féminine commence. Le *Tefilin* sur le bras représente la configuration féminine Ra'hel. L'ordre des *Parashiot* est le même que dans les *Tefilin* sur la tête, mais en un seul parchemin.

Les trois tours sur le biceps correspondent aux trois premières *Séphirot* de *Noukva*. Les sept entourages sur l'avant-bras correspondent à ses sept *Séphirot* inférieures.

Les trois entourages sur le doigt correspondent aux *NHY* (*Netsa'h*, *Hod*, et *Yesod*) de *Z'A*, qui entrent à l'intérieur de *Noukva* pour être ses *Mo'hin* - lumières directives.

Puisque la configuration *Z'A* reçoit deux types de lumières directives, une de la configuration *Abah*, et une de la configuration *Imah*, il y a deux types de *Tefilin* :

• *Tefilin* de *Imah* appelés *Tefilin* de Rashi. Ils sont le type régulier porté par tous l

• *Tefilin* d'*Abah* appelé *Tefilin* de Rabenu Tam. Ils sont portés par quelque-uns seulement avec, ou après ceux de Rashi.

La différence est dans l'ordre de l'écriture des quatre parties de *Torah* - *Parashiot*.

Comme nous pouvons voir, chaque élément des prières, physique ou spirituel, a un but profond et essentiel afin d'accorder des forces et une puissance importante à celui qui prie. Il est dommage que ces beaux et puissants rituels soient pris de manière erronée pour « des récitations folkloriques » dans une langue incompréhensible, faisant partie de «ce que l'on doit faire » en assistant à une prière dans une synagogue.

En faisant l'effort de comprendre les significations plus profondes de ces rituels, on découvrira une toute nouvelle dimension et raison à notre relation avec les mondes supérieurs et le Créateur.

Chapitre 11

FORCE NÉGATIVE

Il y a une « seconde » autorité appelée *Sitra A'hra* - force négative, ou « mal », Ses écorces obstruent la lumière des *Séphirot*, cachent l'homme de sa racine et de la lumière. Les *Séphirot* ont leur racine dans la sainteté du *Ein Sof* ; la racine de la force négative est dans le manque, ou l'absence de cette sainteté. A cause des mauvais actes des hommes, les écorces négatives obtiennent leur force, nuisent et font le mal dans le monde en s'attachant aux lumières supérieures.

Sitra A'hra - Mal

Il y a une «seconde» autorité appelée *Sitra A'hra* - force négative ou « mal ». Quoique ce soit l'opposé de tout bien, il est important de comprendre que l'origine du « mal » est d'une émanation des lumières supérieures, ainsi, elle ne possède pas vraiment une autorité complète indépendante. Elle se nourrit des extrémités inférieures de la sainteté, et a besoin de permission d'en haut pour agir. Il n'y a en vérité qu'une seule et unique autorité, celle du Créateur.

À la création, quand les dix *Séphirot* féminines de l'aspect du nom de *BaN* (52) sont sorties des yeux d'*Adam Kadmon*, les trois premières *Séphirot* - *KHB* (*Keter*, '*Hokhma*, *Binah*) – ont put se tenir dans l'arrangement de trois colonnes. Cependant, les sept *Séphirot* inférieures ne pouvaient se tenir dans cet ordre ; ne pouvant contenir leurs lumières elle se brisèrent. Ceci fut la première imperfection ou dommage dans la création. Ce n'est que lorsqu' il y a trois colonnes, et que celle de la miséricorde se tient entre les colonnes de bonté et rigueur, que les trois peuvent s'attacher ensemble pour un équilibre harmonieux.

Cet arrangement imparfait est la première origine de la force négative ou « mal ». Ce type d'existence ne pouvait venir d'une source parfaite ; il a dû provenir d'un état défectueux.

La cassure des sept *Séphirot* inférieures a causé une descente de tous les mondes. Le monde de *'Asiah* est tombé encore plus bas et de son extrémité, la force négative a émergée.

Les *Séphirot* ont leur racine dans la sainteté du *Ein Sof*, B'H. La racine de la force négative est dans le manque ou l'absence de sainteté. Ces écorces obstruent les lumières des *Séphirot*, cachant l'homme de sa racine et de la lumière. En parallèle (vis-à-vis) des quatre mondes, cette entité négative a ses propres quatre mondes, où dix groupes d'anges négatifs se divisent comme suit :
• Trois groupes dans leur monde de *Beriah*
• Six groupes dans leur monde de *Yetsirah*
• Un groupe dans leur monde de *'Asiah*.

Elles se nourrissent des extrémités des lumières supérieures quand ces dernières sont affaiblies par les mauvais actes des êtres inférieurs. Quand cette force négative reçoit sa force par la succion des lumières supérieures, ses anges destructifs obtiennent plus de puissance et viennent pour faire le mal dans le monde.

L'existence de la *Sitra A'hra* - force négative - a été voulue par le Créateur afin de donner à l'homme le libre choix. Avec fausseté, elle essaie presque constamment de le séduire, et de le faire trébucher.

Les actes positifs de l'homme ont un effet sur les quatre mondes supérieurs, ses actes négatifs sur les quatre mondes inférieurs. Ce n'est que quand l'homme péche que le côté négatif peut grandir et se renforcer.

Quand l'homme agit négativement, il attire un dérivé de cette force négative qui se développe à l'intérieur de lui. C'est son *Yetser Hara'* ; il le coupe des mondes supérieurs et de la sainteté. Quand il agit positivement, il attire les énergies positives qui affaiblissent les énergies négatives à l'intérieur de lui, et lui donnent la force de pouvoir s'approcher alors de son Créateur.

Klipot - Écorces

Les écorces sont les manifestations individuelles de la force négative. Elles obstruent les lumières des *Séphirot* inférieures en s'attachant et se nourrissant de leurs extrémités. Elles cachent l'homme de la vérité et de la lumière. En raison des mauvais agissements des êtres inférieurs, les écorces obtiennent et renouvellent leur force pour faire le mal dans le monde.

Les *Tikounim* (rectifications) des êtres inférieurs consistent à détacher ces écorces de la sainteté, en accomplissant les commandements et par les prières.

Quand les hommes agissent négativement, ils produisent des énergies contraires qui causent des détériorations. Elles atteignent les mondes inférieurs et créent encore plus d'écorces pour faire le mal.

Il y a quatre principaux niveaux d'écorces, ils correspondent aux quatre mondes inférieurs. Ces mondes comportent aussi des *Séphirot* et configurations comme dans les mondes positifs, et sont également construits sur l'arrangement de trois colonnes des arbres *Séphirotiques*. Leur but est d'agir contre les mondes supérieurs positifs en émanant des énergies négatives et nuisibles

Chapitre 12

TIKOUN

En Hébreu, le mot « *Tikoun* » a différentes significations. Il peut être compris comme réparation et également comme relation ou action. Il y a différents types de *Tikounim* : pour réparer les mondes, pour la construction et l'interdépendances des *Séphirot* et des configurations, pour la direction des mondes, et pour la rectification des âmes.

Tikoun
Rectification ou action

Tikoun dans la Kabbalah est une notion très importante. Elle démontre, en quelque sorte, que tout ce qui a été créé avec une possibilité de déficience a également un potentiel d'être rectifié. En Hébreu, le mot « *Tikoun* » a différentes significations ; il peut signifier réparation ou rectification mais également fonction, relation ou action.

Il y a différents types de *Tikounim* :
- *Tikounim* (réparations) qui ont eu lieu dans les premières émanations pour réparer les mondes.
- *Tikounim* (rectifications - relations) pour la construction et les interdépendances des *Séphirot* et des configurations.
- *Tikounim* (actions - fonctions) de certaines configurations pour la direction du monde.
- *Tikounim* (rectifications) pour les âmes.

Tikounim pour la réparation des mondes

À la création, quand de la configuration d'*Adam Kadmon* ont émergé les dix *Séphirot* de l'aspect féminin de *BaN* (52), et que les sept *Séphirot* inférieures se brisèrent. Pour soutenir les récipients de ces *Séphirot* après qu'ils se soient cassés, 288 étincelles de leur lumière originale descendirent pour les maintenir vivants.

Ce dommage important ; *Shvirat HaKélim* - cassure des récipients devait être réparé. Un premier *Tikoun* fut d'aider dans la remontée de certaines de ces 288 étincelles tombées et de réparer les récipients qui s'étaient brisés en tombant, afin qu'ils puissent retourner à leurs lumières respectives.

Le *Tikoun* pour réparer les *Séphirot* après ce dommage fut l'union des *Séphirot* masculines de *MaH* (45) avec les *Séphirot* féminines de *BaN* (52) en arrangements complexes. Ceci afin de permettre à *BaN* féminin d'être réparé par *MaH* masculin, et pour que les *Séphirot* puissent se tenir dans l'arrangement de trois colonnes, nécessaires pour la direction de bonté, rigueur et miséricorde.

Tikounim pour la construction des configurations

Les *Tikounim* pour la construction des *Partsoufim* - configurations sont réalisés par le *Zivoug* (union) des configurations supérieures masculines et féminines, où la configuration inférieure passera par une période de gestation à l'intérieur de la configuration féminine plus élevée, suivie de sa naissance.

Le masculin correspond à *'Hesed* – bonté, et au nom de *MaH* (45), le féminin à *Gevourah* - rigueur et au nom de *BaN* (52).

Au début, pendant la période de gestation quand la configuration inférieure est à l'intérieur de la *Noukva* supérieure (la configuration féminine au-dessus), les lumières féminines et masculines de l'aspect de *BaN* et de *MaH* construisent et donnent la force requise pour la naissance de la configuration inférieure. Ce n'est qu'une fois complètement arrangée et complétée, qu'elle est révélée. Il y a ensuite une période d'allaitement, et puis une première et deuxième enfance et croissance.

Tikounim des configurations pour la direction

Il y a également les *Tikounim* des différentes configurations qui sont leurs actions, illuminations, et interdépendances, afin d'influencer la direction des mondes. Ces *Tikounim* résultent en diverses illuminations d'intensités différentes, selon le temps et les actions de l'homme. Les principaux *Tikounim* des configurations sont ceux des configurations *Arikh Anpin*, *Zeir Anpin*, et *Noukva*. Allégoriquement, ces *Tikounim* sont de la tête, ou du visage des configurations.

Tikounim de la configuration Arikh Anpin

Le premier et plus important *Tikoun* est celui des trois premières *Séphirot* de la configuration *Arikh Anpin*. Ces trois *Séphirot* sont les racines de la direction de bonté, rigueur et miséricorde. Pour influencer la direction, des illuminations sont projetées d'une ou plusieurs de ces *Séphirot* aux configurations *Abah* et *Imah*, et de là, au *Mo'hin* (force directive) de la configuration *Zeir Anpin*.

Des lumières émanent de sa *Séphira 'Hokhma*, elles s'épanchent vers le bas et se divisent en treize. Elles se nomment les treize *Tikounim* de la *Dikna* - barbe d'*Arikh Anpin*.

D'autres *Tikounim* - illuminations de la configuration *Arikh Anpin* sont les lumières requises pour l'accomplissement et l'abondance. Cependant, la direction elle, provient des lumières qui émanent de sa *Dikna* - barbe.

Tikounim de la configuration Zeir Anpin

Les émanations des lumières supérieures sont transmises selon un ordre précis aux configurations inférieures. Elles viennent finalement à la configuration *Z'A* qui, après émanation de ses propres lumières, s'unira aux configurations féminines Ra'hel ou Leah et transmettra par elles ces émanations aux mondes, pour faire la direction.

Pour la configuration *Z'A*, les *Tikounim* sont exprimés par les lumières qui sortent de lui, tel que ses cheveux - illuminations de sa tête ou de son visage.

Ces émanations s'appellent cheveux ou barbe car ce sont des lumières qui se diffusent par des conduits individuels.

Ces *Tikounim* - actions sont semblables à ceux de la configuration *Arikh Anpin*, mais avec quelques différences, ils sont plus de l'aspect de *Gevourah*, alors que ceux d'*Arikh Anpin* expriment la bonté. Neuf au début, ils deviennent treize et agissent en tant que principe de bonté pour la direction de la justice.

Tikounim (rectifications) pour les âmes

Un *Tikoun* pour une âme est sa rectification en raison de son manque, ou pour la purifier de ses défauts. Le *Tikoun* pour l'âme est réalisé par le *Gilgoul* (réincarnation) et par le *'Ibour* (attachement). En accomplissant ce qu'il n'a pas accompli des 613 *Mitsvot*, en rectifiant un acte ou des dommages qu'il aurait causés par ses actes négatifs, l'homme fait le *Tikoun* nécessaire de son âme, qui peut maintenant s'élever et ainsi rejoindre sa source.

147

Il y a différents types de *Tikounim* - rectifications pour l'âme, car chacun de ses niveaux nécessite son propre *Tikoun*. La plupart des hommes ont seulement le niveau le plus bas - *Nefesh*, et s'ils font le *Tikoun* approprié, ils acquerront les niveaux suivants, mais un à un. Le *Tikoun* d'un niveau supérieur ne peut être accompli qu'après tous ceux des niveaux précédents.

Tant que l'homme entreprend le *Tikoun* de son âme en trois réincarnations, il se réincarnera et retournera autant que nécessaire pour accomplir son *Tikoun*. Cependant, s'il maintient son mauvais comportement, il ne reviendra pas après la troisième réincarnation et cette âme sera détruite sans plus de chance de *Tikoun*.

Tikoun 'Olam - Tikoun général

Le mal disparaîtra de ce monde et se transformera en bonté, quand tous les *Tikounim* - rectifications seront accomplis. Le *Tikoun* général est de rapporter le monde à son état original d'avant les dommages provoqués par la rupture des récipients. Un état d'harmonie où la bonté, la générosité et la paix règnent, et où les rigueurs sont apaisées.

Quand toutes les étincelles de sainteté tombées seront remontées à leurs origines en raison de tous les comportements positifs et des actes des hommes.

En conséquence, la *Sitra A'hra* (force négative) ne pourra plus s'attacher et se nourrir des lumières plus élevées, et cessera d'exister. D. a donné à l'homme un rôle important dans le *Tikoun 'Olam - Tikoun* général. Il lui appartient maintenant de reconstituer et faire les réparations nécessaires au monde, en accomplissant Ses commandements, et en apprenant les voies de son Créateur.

L'objectif final est de comprendre et d'accomplir la volonté de D., afin de mériter une proximité à Sa présence, et finalement aider et participer à la révélation de Son unicité dans le monde.

Chapitre 13

TORAH ET MITSVOT

La *Torah* contient quatre niveaux de compréhension, dont le plus haut est le *Sod* (secret). À ce niveau, toutes les connaissances mystiques et ésotériques qui composent la Kabbalah sont révélées. Ces profonds secrets sont insinués dans les lettres, mots et différentes histoires relatées dans la *Torah*. La *Torah* contient 613 commandements ; pareillement, il y a 613 veines et os dans l'homme, 613 parties dans l'âme, et 613 lumières dans chaque *Séphira* ou *Partsouf*. Ce nombre n'est pas arbitraire, car il y a des interdépendances et des interactions importantes entre eux.

Torah

La Kabbalah est l'explication mystique et ésotérique de la *Torah*. Tous les profonds secrets expliqués dans la Kabbalah, trouvent référence dans les lettres, mots et différentes histoires relatées dans la *Torah*. Ces histoires aussi bien que la forme des lettres, des voyelles et des notes de cantillation sont un *Levoush* - vêtement externe sur les véritables messages et signification de la *Torah*. Les différents systèmes de *Séphirot* et configurations de lumières et énergies sont représentés par les personnes et les événements dans les textes hébreux de la *Torah*. Par conséquent, les traductions ne reflètent que le sens littéral, et sont loin des véritables explications et interprétations de la *Torah* tel qu'expliquées dans le Zohar :

« Rabbi Shim'on dit : Malheur à cet homme qui dit que la *Torah* ne fait que relater des histoires dans un langage ordinaire, parce que si c'est ainsi, même aujourd'hui, nous pourrions faire une *Torah* à partir de contes ordinaires, et même encore plus beaux que ceux-là [contes]. Si la *Torah* est venue pour expliquer des sujets mondains, même les gouverneurs du monde [actuel] ont des histoires encore plus intéressantes. Si c'est ainsi, suivons ce qu'ils racontent et faisons en ainsi une *Torah*. Mais en réalité, tout ce que la *Torah* relate est de nature très élevée, et renferme de profonds secrets.

153

Par conséquent, l'histoire dans la *Torah* est le vêtement de la *Torah*. Celui qui pense que ce vêtement est lui-même la *Torah* et qu'il n y a rien d'autre, que son âme s'enfle et qu'il n'ait aucune part dans le monde à venir. Pour cette raison, le Roi David a dit : (Tehilim, 119. 118) « ouvre mes yeux afin que je puisse contempler les choses merveilleuses dans ta *Torah* ». Signifiant ce qui est sous ce vêtement de la *Torah*.

Venez et regardez, il y a un vêtement qui est visible à tous, les personnes ignorantes qui voient un homme bien habillé et qui semble distingué par son habillement, ne regardent pas plus loin et l'évaluent selon son beau vêtement. Ils pensent que l'habillement représente le corps de l'homme et son corps, son âme.

Ainsi est la *Torah*, elle a un corps qui sont les commandements appelés « le corps de la *Torah* ». Ce corps est habillé avec des vêtements qui sont des histoires du monde actuel, seulement les ignorants ne regardent que ce vêtement qui sont les histoires dans la *Torah*, pas plus loin, et pas ce qui est à l'intérieur de ce vêtement. Ceux qui comprennent plus, ne regardent pas le vêtement mais plutôt le corps sous ce vêtement. Le sage, les serviteurs du seigneur, ceux qui se sont tenus au Mont Sinaï, ne regardent que l'âme de la *Torah*, qui est l'essentielle de tout, la véritable *Torah* [Kabbalah]. À l'avenir, nous ne regarderons que l'âme de l'âme de la *Torah*.

Malheur à ces pécheurs qui disent que la *Torah* n'est pas plus qu'une histoire ; ils ne voient que le vêtement et pas plus. Heureux sont les justes qui voient dans la *Torah* comme ils devraient. Le vin n'est que le contenu dans une cruche ; pareillement la *Torah* n'est que contenue dans ce vêtement, il est donc nécessaire de ne voir que ce qui est sous cet habillement. En conclusion, tous ces sujets et histoires ne sont que des vêtements. »
(Zohar, Bamidbar, Behalotekha 58 - 64)

La *Torah* a 248 commandements positifs et 365 négatifs. De même, il y a 613 veines et os chez l'homme, 613 parties à l'âme, et 613 lumières dans chaque *Séphira* ou configuration. Ce nombre n'est pas arbitraire, car il y a des interdépendances et des interactions importantes entre eux.

La *Torah* contient quatre niveaux de compréhension, dont le plus haut est le *Sod* (secret). À ce niveau, la *Torah* nous explique le but de la création, les véritables raisons de tous les commandements, et leur influence sur les *Séphirot*.

Par la connaissance de la Kabbalah, nous pouvons arriver à un véritable niveau de compréhension de la volonté du Créateur, Sa gouvernance, la création, et d'une certaine manière, « décoder » les profonds secrets de notre sainte *Torah*.

Mitsvot - Commandements

Dans la *Torah* il y a 613 *Mitsvot* et chacune correspond à une des 613 veines et os de l'homme et à une des 613 parties de son âme. En observant les commandements, l'homme les renforce, en ne les accomplissant pas, il, d'une certaine manière, les affaiblit.

Les *Mitsvot* ont été données pour trois principales raisons :
• Pour renforcer et épurer l'homme
• Pour agir et influencer la direction
• Pou aider à accomplir le *Tikoun* de la création

Après la brisure des récipients et la chute des 288 étincelles, l'homme doit agir et participer à la remontée des étincelles tombées, vers leur origine. Ceci peut être fait en accomplissant les *Mitsvot* et par les prières. Comme il y a différents niveaux de compréhension des significations et buts de nos actions, il y a également diverses possibilités et puissances d'influence, selon la compréhension et l'intention de nos actes.

Les écorces sont les manifestations de la force négative pour obstruer les lumières des *Séphirot*. Ces dégradations sont provoquées par les péchés commis par l'homme. En accomplissant les *Mitsvot*, les êtres inférieurs envoient des énergies positives pour affaiblir ces écorces et pour les détacher des lumières supérieures, et enlèvent ainsi tout obstacle aux apports et sorties d'énergies positives. Par conséquent, avant chaque prière et exécution des commandements de la *Torah*, nous essayons d'unifier les configurations masculines et féminines afin qu'il y ait harmonie en haut, et que comme résultat, il y ait un apport d'abondance qui descende vers nous.

En comprenant les significations profondes de ces commandements tel qu'expliqué dans la Kabbalah, nous réalisons l'énorme amour que le seigneur accorde à Ses créatures, en leur permettant de faire partie de ce système dynamique, et en leur donnant les moyens et les outils pour atteindre et influencer les royaumes les plus élevés.

Chapitre 14

GÉMATRIA

Il y a différents systèmes d'interprétation des sens cachés de la *Torah*. L'un d'entre eux est la *Gematria*, où les valeurs mathématiques de chaque lettre ou mot sont calculées. Chaque lettre ayant sa propre valeur numérique et le fait que certains mots ont le même total n'est pas simplement une coïncidence, mais dénote plutôt une similitude ou une complémentarité.

Gematria - Valeurs numériques des lettres

La *Gématria* est un des différents systèmes d'interprétation des significations cachées de la *Torah*, où les valeurs mathématiques des lettres, et des mots, sont calculées pour trouver une similitude ou une complémentarité. Chaque lettre ayant sa propre valeur numérique.

Lettre	Nom	Valeur
א	Aleph	1
ב	Beit	2
ג	Gimel	3
ד	Dalet	4
ה	He	5
ו	Vav	6
ז	Zain	7
ח	'het	8
ט	Tet	9
י	Youd	10
כ	Khaf	20
ל	Lamed	30
מ	Mem	40
נ	Noun	50
ס	Samekh	60
ע	'ain	70
פ	Pey	80
צ	Tsadey	90
ק	Kouf	100
ר	Resh	200
ש	Shin	300
ת	Tav	400

161

Les lettres finales ont également leurs propres valeurs numériques :

Lettre	Nom	Valeur
ך	Khaf Final	500
ם	Mem Final	600
ן	Noun Final	700
ף	Pey Final	800
ץ	Tsadey Final	900

Il y a sept principaux types de *Gematriot* :

• *Ragil* - régulier

• *Katan* - petite valeur

• *HaKlali* - la valeur au carré

• *Kolel* - régulier plus une valeur pour une, ou toutes les lettres

• *HaKadmi* - régulier plus la valeur des lettres précédentes

• *HaPerati* - chaque lettre au carré

• *Milouy* - Somme des épellations

1 - ***Ragil*** : les nombres de lettres sont comme suit :

De	A	Valeur
א	ט	1 – 9
י	צ	10 -90
ק	ת	100 - 400
ך	ץ	500 -900

Ex :   1106 = הארץ

2 - **Katan** : les dix et les centaines sont réduits à un chiffre.

De	A	Valeur
א	ט	1 – 9
י	צ	1 – 9
ק	ת	1 – 4
ר	ץ	5 -9

Ex :   17 = הארץ

3 – **HaKlali**: la valeur *Ragil* du mot est au carré.

Ex : 236 223 1 = 1106 * 1106 = הארץ

4 – **Kolel**: la valeur *Ragil* du mot + le nombre de lettres, ou + 1 pour le mot.

Ex : 1110 = 4 + 1106 = הארץ
          or 1106 + 1 = 1107

5 - **HaKadmi** : chaque lettre a sa valeur de *Ragil* plus le total de tous celles qui le précèdent.

De	A	Valeur
א	ט	1 – 45
י	צ	55 – 495
ק	ת	595 –1495
ר	ץ	1995 – 4995

Ex : 5806 = 15+1+795+4995 = הארץ

163

6 - *HaPerati* : chaque lettre est au carré.

Ex : 1 = 1 * 1 ,25 = 5 * 5 = הארץ
200 * 200 = 40 000, 900 * 900 = 810 000 Total = 850 026

7 – *Milouy*: la somme de l'épellation de chaque lettre.

Lettre	Milouy	Valeur
ה	הא	6
א	אלף	111
ר	ריש	510
צ	צדי	104

Ex : 731 = הארץ

Par les *Gematriot*, nous voyons que chaque lettre et mot a une signification dynamique au-delà des simples définitions. La *Gematria* est seulement une des manières secrètes pour interpréter les significations cachées dans la *Torah*.

Il y a également des systèmes de permutation où des lettres sont remplacées par d'autres dans un ordre établi comme « *ATBaSH* » où la première lettre est remplacée par la dernière, la seconde par l'avant dernière etc. « *Notarikon* », où les initiales de différents mots font un nouveau mot, ainsi que plusieurs autres systèmes.

Chapitre 15

HISTOIRE DE LA KABBALAH

L'histoire de la Kabbalah peut être retracée depuis Abraham le patriarche qui écrit le « Sepher HaYetsira » - Livre de la Formation. Depuis lors, beaucoup de développements à travers les errances du peuple Juif dans les différents continents ont davantage clarifié ses concepts.

Première période – Le début

Aprox. 1750 B.C.E, Israël

Selon la tradition l'un des premiers écrits de Kabbalah, se nomme « Sepher HaYetsira » (le Livre de la Formation), il fut composé par Abraham Avinou. C'est le premier livre qui mentionne un système de dix lumières appelées *Séphirot*.

Deuxième période - le Zohar

Aprox. 240 C.E, , Israël

Rabbin Shim'hon Bar Yo'hay habita en Galilée au deuxième siècle et était un disciple de Rabbi 'Akiva. Pour échapper aux Romains, il entra se cacher avec son fils Rabbi El'azar dans une caverne pendant treize ans. Pendant ce temps, il composa le Zohar, qui est l'explication ésotérique et mystique de la *Torah* et la base de la plupart des écrits de la Kabbalah.

Troisième période – dissémination du Zohar

1270, Espagne

Après avoir disparu pendant environ mille ans, le livre du Zohar est retrouvé et disséminé par Rabbi Moshe de Leon en Espagne. Cette dissémination partout en Europe, Afrique du Nord, et Moyen-Orient permettra une étude plus répandue de ses écrits. C'est également la période de la «Kabbalah prophétique » telle qu'enseignée par Rabbi Abraham Abul'afia.

Les trois écoles de Kabbalah en Europe
1200 - 1300

Dans les villes de Provence en France, Gerona en Espagne, et Worms en Allemagne ont été formés trois des principaux centres de Kabbalah de cette période. Sous la direction de Kabbalistes importants tel que Rabbi Its'hak l'aveugle, Rabbi Ezra de Gerona, et Rabbi El'azar de Worms, Na'hmanide et d'autres, des écrits essentiels ont été édités tel que le « Sepher HaBahir » « Sepher ha' *Hesed* » et des commentaires importants sur le « Sepher HaYetsira ».

En France, un type de mysticisme contemplatif était développé avec la méditation sur les prières et les *Séphirot*. En Espagne, un effort fut fait pour rapprocher les idées principales de la Kabbalah au public. En Allemagne, Rabbi El'azar de Worms déclara que D. est plus près de l'univers et de l'homme que l'âme est au corps.

Les Kabbalistes de Tsfat
1500, Tsfat, Israël

Après l'expulsion d'Espagne en 1492, certains Kabbalistes Espagnol importants comme Rabbi Moshe Kordovero, Rabbi Shlomo Alkabetz et Rabbi Yoseph Karo déménagèrent à la ville de Tsfat en Israël. Là, une école de Kabbalah fut fondée appelée « Nouvelle Kabbalah » ou « Kabbalah de Tsfat ». C'est l'ère d'or de la Kabbalah. Après cette première génération, Rabbi Its'hak Louria Ashkenazi, le Ari Z'al, qui naquit à Jérusalem, devint le principal Kabbaliste de Tsfat. Il expliqua et clarifia tous les principaux concepts de la Kabbalah, et innova également dans l'explication des *Séphirot* et des *Partsoufim* (configurations). Il est l'auteur du corpus « Ets 'Haim » qui contient tous ses écrits dans le modèle de Sha'arim (entrées), et est aujourd'hui la référence principale en Kabbalah.

Shabbetai Tsevi
1626-1676

Pendant le 16ème siècle avec la venue de Shabbetai Tsevi, qui fut appelé le « Messie Kabbalistique », la communauté juive fut divisée entre ses disciples et les « non-croyants ». Après s'être converti à l'Islam, ce faux Messie causa une grande déception et méfiance envers les enseignements de la Kabbalah. Les autorités rabbiniques du temps devinrent encore plus sévères envers l'étude de la Kabbalah et certains furent même persécutés pour apprendre ou écrire sur ce sujet.

Mouvement 'Hassidique
1700, Europe de l'Est

La période Hassidique commença avec le Ba'al Shem Tov, le fondateur du mouvement Hassidique. Il déclara l'univers, l'esprit, et la matière comme étant une manifestation de D., et que celui qui pense que sa vie est sans valeur, est dans l'erreur. Elle en vaut beaucoup la peine ; il faut seulement savoir comment l'utiliser correctement. Les enseignements du Baal Shem Tov étaient en grande partie basés sur les enseignements Kabbalistiques du Ari Z'al, mais son approche rendait ces enseignements davantage accessibles au juif le plus simple. Certains des autres chefs importants qui ont fondé leur propre mouvement Hassidique sont Rabbi Na'hman de Breslev, petit-fils du Baal Shem Tov et Rabbi Shneur Zalman de Liadi, le « Ba' Al HaTanya », fondateur du mouvement 'Habad Loubavitch.

Maîtres en Europe

1700, Europe

Durant la même période, il y avait d'autres autorités importantes de Kabbalah dans d'autres parties d'Europe, telles que le Ram'hal - Rabbi 'Haim Luzzatto qui habita l'Italie et Amsterdam. Dès son jeune âge, le Ram'hal démontra un talent exceptionnel pour l'étude de la Kabbalah. Il est dit que quand il avait seulement quatorze ans, il connaissait déjà toute la Kabbalah du Ari Z'al par coeur et personne ne le savait, pas même ses parents. Il était un auteur très prolifique et écrit sur tous les aspects de la *Torah* et de la Kabbalah ; cependant, en raison de fausses accusations, il fut tristement persécuté pendant la majeure partie de sa courte vie.

Rabbi Eliyahu de Vilna - le Gaon de Vilna qui naquit en Lituanie était l'un des chefs principaux des Mitnagdim (adversaires au mouvement Hassidique). Il est considéré comme l'un des plus grands érudits de *Torah* et Kabbalah des deux derniers siècles.

Maîtres Sépharades

1700 - Afrique moyenne et du nord

Sur l'autre continent l'étude de la Kabbalah et surtout du Zohar fut également largement répandue. Quelques disciples importants sont Rabbi Shalom Shar'abi - Rashash originaire du Yémen, il est reconnu comme le « maître des *Kavanot* ». Rabbi Ya'acov Abe'htsera, né au Maroc, il composa des travaux sur toutes les facettes de la *Torah*, y compris des commentaires importants sur les explications Kabbalistiques de la *Torah*. Aussi du Maroc, Rabbi 'Haim Ben'atar - Or Ha'Haim, le Ba'al Shem Tov était convaincu que le Or Ha'Haim était le Mashia'h de cette génération. Son travail principal est le commentaire sur la *Torah* ; « Or Ha'Haim». Rabbi Yosef 'Haim - le Ben Ish 'Hai, né en Irak, il expliqua les *Halakhot* (lois) au niveau Kabbalistique, mais dans un langage accessible.

Les récents Kabbalistes

1900 - Israël

Depuis le début de ce siècle, Israël est considéré comme le centre principal de la Kabbalah. Un des plus importants Kabbaliste contemporain était Rabbi Yehudah Ashlag, qui naquit en Pologne en 1886, et décéda en Israël en 1955. Son principal travail est la traduction de tout le Zohar de l'Araméen à l'Hébreu, appelé « HaSoulam ».

D'autres importants Kabbalistes sont Rabbin Israël Abe'htsera - baba Salé (1890-1984), Rabbin Yehudah Tzvi Brandwein (1904-1969), Rabbi Avraham Yitzchak HaCohen (1865-1935), Rabbin Yehudah Fatiyah (1859-1942) et d'autres.

Chacun de ces grands disciples de Kabbalah apporta ses propres explications et innovations à cette merveilleuse science. Tous ensemble, ils ont laissé une richesse d'écrits sur la Kabbalah qui, nous espérons, seront un jour plus disponibles à l'étudiant et chercheur sérieux de la véritable Kabbalah.

Chapitre 16

KABBALISTES

Depuis la publication du Zohar de Rabbi Shim'on Bar Yo'hay, divers auteurs firent une différence en expliquant et en développant encore plus les concepts de la Kabbalah.

Rabbi Shim'on Bar Yo'hay

Né en Galilée, il décéda à Meron, Israël pendant le deuxième siècle.

Rabbi Shim'on Bar Yo'hay était un disciple de Rabbi 'Akiva. Pour échapper aux Romains, il entra se cacher avec son fis Rabbi El'azar dans une caverne pendant treize ans. Pendant ce temps, il composa le Zohar, qui est l'explication ésotérique et mystique de la *Torah* et la base de la plupart des écrits de Kabbalah.

Rabbi Moshe Ben Na'hman (Na'hmanide) – Rambam

Né à Gerona en 1195, il décéda en Israël en 1270

Comme le Rambam avant lui, il était médecin et grand érudit de la *Torah*. Cependant, à la différence du Rambam, il était également érudit dans le Zohar et la Kabbalah et écrit un commentaire mystique sur la *Torah*. Le Ari Z'al avait confirmé la profondeur et la fiabilité de la partie mystique des commentaires du Rambam su la *Torah*. Na'hmanide avait également déclaré que c'est une *Mitsva* d'habiter en Israël. Il y déménagea et y vécut jusqu'à la fin de sa vie.

Rabbi Moshe de Leon
Né en Espagne, 1240 - 1305

Rabbi Moshe de Leon a édité les manuscrits du Zohar qui vinrent en sa possession. Certains le créditent comme en étant l'auteur, mais ce n'est pas l'opinion des principaux Kabbalistes.

Rabbi Abraham Abul'afia
Né à Saragossa en 1240, il décéda en Grèce après 1291.

Rabbi Abraham Abul'afia fut le précurseur de ce qui est appelée « la Kabbalah prophétique » où les combinaisons et permutations d'*Autiot* (lettres), les chiffres et les *Nikoudim* (voyelles) sont des symboles qui expliquent et révèlent les significations ésotériques les plus profondes. Certains de ses travaux les plus connus sont « Sefer ha-Ot » et « Imre Shefer ».

Rabbi Yosef Gikatila
Né à Castille, 1248 - 1310

Entre 1272 et 1274, Rabbi Yosef Gikatila étudia avec Rabbi Abraham Abul'afia qui le considéra comme son meilleur étudiant. Il a écrit « Ginat Egoz », « Shaarei Orah », « Shaarei Tzedek », et « Shaar HaNikoud ». Il était apparemment ami avec Rabbi Moshe de Leon.

Rabbi Moshe Kordovero

Né en1522, il décéda à Tsfat en 1570.

Rabbi Moshe Kordovero était le fondateur de l'académie de Kabbalah à Tsfat. Un de ses étudiants le plus connu était Rabbi 'Haim Vital. Il avait prévu la venue des enseignements du Ari Z'al et admis à l'avance leur exactitude. Certains de ses principaux travaux sont « Tomer Deborah », «Pardes Rimonim », et « Or Yakar ».

Ari Z'al - Rabbi Its'hak Louria Ashkenazi

Né à Jérusalem en 1534, il décéda en 1572 à Tsfat.

Le Ari Z'al, Rabbi Its'hak Louria Ashkenazi était le principal Kabbaliste de Tsfat ; il a expliqué et clarifier tout les principaux concepts de la Kabbalah. Il a également innové dans l'explication des *Séphirot* et *Partsoufim* (configurations). Il est l'auteur du corpus « Kitve HaAri », qui contient tous ses travaux selon des Sha'ar (entrées ou portes). Ses travaux principaux sont « 'Ets 'Haim », « Sha'ar HaGilgoulim » « Sha' ar Hakavanot ».

Rabbi Meir Poppers

Décéda en Israël en 1622.

Rabbi Meir Poppers était un des Kabbalistes important du cercle du Ari Z'al. Il est surtout connu pour avoir mis en ordre les manuscrits des enseignements du Ari Z'al de

Rabbi 'Haim Vital et de les avoir fait imprimer. Rabbin Meir écrit lui-même plusieurs travaux importants de Kabbalah.

Rabbi Shmuel Vital

Né à Damas, il décéda en Égypte au 17ème siècle.

Rabbi Shmuel Vital était le fils de Rabbi 'Haim Vital. Il avait hérité de plusieurs manuscrits de son père sur les enseignements Kabbalistiques du Ari Z'al. Il arrangea ces derniers en huit catégories, connues sous le nom de Shmoneh She'arim (huit portes). Il a également écrit plusieurs travaux de Kabbalah.

Ba'al Shem Tov

Rabbi Israel Ben Eliezer

Né en 1698 en Russie, il décéda en Ukraine en 1760

Le Ba'al Shem Tov fut le fondateur du mouvement Hassidique. Il déclara l'univers entier, esprit et matière comme étant une manifestation de D., et que celui qui maintient que sa vie est sans valeur est dans l'erreur. Elle a une grande valeur ; il faut seulement savoir l'utiliser correctement. Une légende vivante, le Ba'al Shem Tov passa la majeure partie de sa vie dans la vénération, dans le service de D., dans l'enseignement à ses disciples et à bénir les milliers de fidèles qui venaient pour le voir. Une de ses énonciations préférées était qu'aucun homme n'est descendu trop bas pour ne plus pouvoir s'élever à D..

Rabbi Moshe 'Haim Luzzatto – Ram'hal
Né à Padoue, Italie en 1707, il décéda en Israël en 1746.

Rabbi Moshe 'Haim Luzzatto démontra très tôt un talent exceptionnel pour l'étude de la Kabbalah. On dit que quand il avait seulement quatorze ans, déjà il connaissait toute la Kabbalah du Ari Z'al par coeur et personne ne le savait, pas même ses parents. Il était un auteur très prolifique et a écrit sur tous les aspects de la *Torah* et de la Kabbalah. Certains de ses travaux principaux sont « Kala'h Pit'he *Hokhma*», « Klalut Hailan », et « Adir Bamaron ».

Rabbin Eliyahu de Vilna - le Gaon de Vilna
Né à Vilna, Lithuanie, il décéda à Vilna en 1797.

Rabbi Eliyahu de Vilna était l'un des chefs principaux des Mitnagdim (adversaires au mouvement de 'Hassidique). Il est considéré comme un des plus grands érudits de *Torah* et Kabbalah des derniers deux siècles. Parmi ses travaux sur la Kabbalah il y a « Kitvei HaGra Be'eniene Kabbalah »

Rabbi Shalom Shar'abi - Rashash
Né à Shar'ab, Yémen en 1720, mort à Jérusalem en 1777.

Après avoir quitté le Yémen, Rabbi Shalom Shar'abi se joint à la Yeshiva des Mekubalim « Beth El» à Jérusalem. Il est connu comme le « maître des *Kavanot* ». Son « Sidour

HaRashash » est le Sidour (livre de prières) employé par plusieurs Kabbalistes pour leurs prières journalières et est basé sur les *Kavanot* du Ari Z'al.

Rabbi Shneur Zalman de Liadi - le Alter Rebbe

Né en Russie en 1745, mort en Russie en 1813.

Rabbin S. Zalman de Liadi est aussi appelé « Baal HaTanya », il est le fondateur du mouvement 'Habad - Loubavitch et était un descendant du Maharal de Prague. Il a étudié sous le Maggid de Mezritch les écritures du Ari Z'al, et a composé le « Tanya ».

Rabbi Na'hman de Breslev

Né en Russie en 1772, mort à Uman, Russie en 1811

Rabbi Na'hman était l'arrière petit-fils du Ba'al Shem Tov. Il donnait la plus grande importance à la « Dvekout » (attachement à D.) et à la pure joie. Certains de ses travaux principaux sont « Likutey Moharan », «Tikoun HaKlali », et ses histoires et fables bien connues.

Rabbi Ya'acov Abe'htsera

Né au Maroc en 1808, mort à Dimanhur, Egypte en1880.

Rabbi Ya'acov était un Kabbaliste renommé pour sa piété et pour faire des miracles. Il composa des travaux sur toutes les facettes de la *Torah*, y compris des commentaires importants sur les explications Kabbalistiques de la *Torah*. Certains de ses travaux principaux sont « Makhsof HaLavan » et « Pitu'he 'Hotam ».

Rabbi Yosef 'Haim - Ben Ish 'Hai

Né et mort en Irak 1834 - 1909

Le Ben Ish Hai était un auteur prolifique qui écrivait à une vitesse incroyable. On disait qu'il finissait d'écrire une page complète avant que l'encre au dessus de la page ait séchée. Il écrit beaucoup et expliqua les *Halakhot* (lois) au niveau Kabbalistique, mais dans un langage accessible.

Rabbi Yehudah Ashlag

Né en Pologne en 1886, mort en Israël en 1955.

Rabbi Yehudah Ashlag était un des principaux Kabbalistes contemporains. Son travail principal est la traduction de tout le Zohar de l'Araméen à l'Hébreu «HaSoulam » et «Talmud 'Eser Ha*Séphirot* ».

Translitération des lettres

Lettre	Nom	Equivalent	Translitération
א	Aleph	A, O, E, I	A, O, E, I
ב	Beit	B, V	B, V
ג	Gimel	G	G
ד	Dalet	D	D
ה	He	H	H
ו	Vav	V	V
ז	Zain	Z	Z
ח	'het		'h
ט	Tet	T	T
י	Yud	Y	Y
כ	Khaf	C, K, KH	C, K, KH
ל	Lamed	L	L
מ	Mem	M	M
נ	Nun	N	N
ס	Samekh	S	S
ע	'ain		'
פ	Pey	P, F	P, F
צ	Tsadey	TS	TS
ק	Kuf	C, K	C, K
ר	Resh	R	R
ש	Shin	S, SH	S, SH
ת	Tav	T	T

ACRONYMES

Souvent nous trouvons dans le Zohar et dans la plupart des textes de Kabbalah des acronymes, qui sont les initiales ou abbréviations de mots ou concepts. Il y a deux raisons principales pourquoi les acronymes sont utilisés, en premier, pour éviter de ré-écrire les mêmes mots à répétition, et la deuxième et plus importante raison, est pour tenir éloigner le lecteur non initié.

187

Acronymes		L	Mot - s
א"א	A"A	A	**Arikh Anpin** *Partsouf Arikh Anpin*
א"א	A"A	H	**Abraham Avinu** *Notre Père Abraham*
א"א	A"A	H	**I Efshar** *Impossible*
א"ד	A"D	H	**Aino Dome** *Ne ressemble pas*
א"י	E"I	H	**Erets Israel** *Terre d'Israël*
א"ס	E"S	H	**Ein Sof,** *Le sans fin ou sans limite*
א"פ	A"P	H	**A'Hor Be Panim** *Dos à face*
א"צ	A"TS	H	**Aino Tsarikh** *Pas nécessaire*
א"ק	A"K	A	**Adam Kadmon** *Homme Primordial*
א"ר	A"R	A	**Amar Rav** *Rav dit*
אב"א	A"A	H	**A'hor Be A'hor** *Dos à dos*
אבי"ע	ABYA	H	**Atsilout, Beriah, Yetsirah and Asiah**
אדה"ר	ADH"R	H	**Adam ha Rishon** *Le premier homme*

Acronymes		L	Mot - s
אה"ל	AH"L	H	**Or Halevanah** *Lumière de la lune*
או"א	Av"I	H	**Abah ve Imah** *Partsoufim Abah et Imah*
או"ח	O"'H	H	**Or 'Hozer** *Lumière revenante*
או"י	O"Y	H	**Or Yosher** *Lumière linéaire*
או"מ	O"M	H	**Or Makif** *Lumière encerclante*
או"פ	O"P	H	**Or Pnimi** *Lumière intérieure*
אח"פ	O'H"P	H	**Ozen, 'Hotem, Pey** *Oreille, nez, bouche*
אי'	IY'	H	**Imah** *Partsouf Imah*
אמ"ר	AM"R	H	**Or, Mayim, Rakia'** *Lumière, Eau, Firmament*
אע"ג	A' "G	A	**Af 'al Gav** *Et même si*
אע"פ	A' " P	H	**Af 'al Pi** *Même si*
אצ"ל	ATS"L	H	**Ain Tsarikh Lomar** *Pas nécessaire de mentionner*
אתב"ש	ATB"SH	H	**ATBASH** *Permutation des lettres*

Acronymes			L	Mot - s
אתעד"ל	AT'D"L		A	*It'urerut Del'ela* *Éveil d'en haut*
אתעד"ת	AT'D"T		A	*It'urerut DelTata* *Éveil d'en bas*
ב"ן	BaN (52)		H	*BaN (52)* *Milouy de ce nom avec un total de 52*
ב"פ	B"P		A	*Shte Pe'amim* *Deux fois*
באד"ר	BAD"R		A	*Be Adra Raba* *Dans le livre de Idra Raba (Zohar)*
באדר"ז	BADR"Z		A	*Be Adra Zouta* *Dans le livre de Idra Zouta (Zohar)*
בג"ה	BG"H		H	*Binah, Gevourah, Hod* *Séphirot, pilier gauche*
בחי"	B'HY		H	*Be'hina* *Qualité - Attributs*
בי"ע	BYA		H	*Beriah, Yetsirah, Asiah* *Mondes*
ביהמ"ק	BYHM"K		H	*Beit ha Mikdash* *Temple*
בכ"מ	BC"M		H	*Becol Makom* *Tout le temps - Partout*
בכ"מ	BC"M		H	*Bekama Mekomot* *Souvent - Dans quelques endroits*
במ"א	BM"A		H	*Bemakon Aher* *Dans un autre endroit*

191

Acronymes		L	Mot - s
במ"ר	BM"R	H	**Bemidrash Rabah** *Dans le Midrash Rabah*
בס"ד	BS"D	A	**Besa'ita deshmaya** *Avec l'aide du ciel*
בסו"ה	BSU"H	H	**Besod Hakatuv** *Dans le sens secret*
בע"ה	B'"A	H	**Be'ezrat Hashem** *Avec l'aide de D.*
בע"ת	B' "T	H	**Ba'al Teshuva** *Celui qui fait Teshuva (repentance)*
בעה"ח	B' H" 'H	H	**Be'Ets Ha'haim** *Dans le livre 'Ets Ha'haim*
בעוה"ב	B'OH"B	H	**Be'Olam Haba** *Dans le monde futur*
בעוה"ז	B'OH"Z	H	**Be'Olam Haze** *Dans ce monde*
בר"ת	BR"T	H	**Berashe Tevot** *Dans les initiales*
בת"ת	BT"T	H	**BeTiferet** *Dans la (Séphira)Tiferet*
ג' גו ג'	G' go G'	H	**Shalosh Beshalosh** *Trois sur trois*
ג"א	G"A	H	**Shalosh Etsma'iot** *Les trois milieux*

192

Acronymes	L	Mot - s
ג"ט קר"ע פ"ח	G"T KR" ' P" 'H A	**Gulgota, Tela, Kerumah, Ra'ava, 'Emer, Peki'hu, 'Hotma** *Sept Tikounim de la tête de Arikh Anpin*
ג"כ	G"C	H **Gam ken** *Aussi*
ג"ע	G" '	H **Gan 'Eden** *Jardin d'Eden*
ג"ר	G"aR	H **Les trois premières Séphirot** *Keter, 'Hokhma, Binah. Ou 'Hokhma, Binah Da'at.*
ג"ת	G"T	H **Shalosh Ta'htonot** *Les trois plus basses*
גי'	GY'	H **Gematria** *Total des lettres*
דו"ן	D"uN	A **Dukhrin VeNukvin** *Masculine et féminine*
דצח"מ	DaTzHaM	H **Domem, Tsomea'h, 'Hay, Medaber** *Minéral, végétal, animal et parlant*
ד"א	D"A	H **Derekh A'her** *Une autre manière*
ד"א	D"A	H **Davar A'her** *Autre chose*
דת"י	DT"Y	H **Da'at, Tiferet, Yesod** *Séphirot, pilier central*

193

Acronymes		L	Mot - s
ה"ג	H"G	H	**'Hamesh Gevurot** Cinq Gevurot
ה"ח	H" 'H	H	**'Hamesh 'Hasadim** Cinq 'Hasadim
ה"ס	H"S	A	**He Sod** C'est le secret
ה"פ	H"P	H	**'Hamesh Partsoufim** Cinq Partsoufim
ה"ר	H"R	H	**'Hamesh Rishonot** Cinq premières
ה"ת	H"T	H	**'Hamesh Ta'htonot** Cinq inférieures
הנ"ל	HN"L	H	**Hanizcar Le'il** Comme mentionné ci-dessus
הק'	HK'	H	**HaKadosh** Le Saint
הקב"ה	HKB"H	H	**HaKadosh Barukh Hu** Saint et béni Il est
השי"ת	HSHY"T	H	**HaShem Itbarakh** D. qu'Il soit béni
ו"ק	V"K	H	**Shesh Ketsavot** Six cotés
ו"ת	V"T	H	**Shesh Ta'htonot** Six inférieures
וד"ל	VD"L	H	**Veday Lemavin** Suffisant pour celui qui comprend

194

Acronymes		L	Mot - s
והמ"י	VHM"Y	H	**Vehamaskil Yavin** *And the wise will understand*
והמ"י	VHM"Y	H	**VeHamaskil Yavin** *Et le sage comprendra*
וזה"ד	VZH"D	H	**Ve ze HaDin** *Et c'est la loi*
וכו'	VCU'	H	**Vekhule** *Et ainsi de suite*
ועד"ז	V'D"Z	H	**Ve'al Derekh Ze** *Et de cette façon*
ועכ"ז	V'C"Z	H	**Ve'im kol Ze** *Et avec tout cela*
ותי'	VTY'	H	**VeTikounim** *Et les Tikounim*
ז"א	Z"A	A	**Zeir Anpin** *Partsouf*
ז"ח	Z"T	H	**Zain Ta'htonot** *Sept inférieures*
ז"ח	Z" 'H	H	**Zohar 'Hadash** *Zohar nouveau*
ז"ל	Z"L	H	**Zikhrono Lebrakha** *Son souvenir est béni*
ז"ל	Z"L	H	**Ze Leshono** *C'est là sa parole (citation)*
ז"מ	Z"M	A	**Shiv'ha Malkin** *Sept rois*

195

Acronymes		L	Mot - s
ז"ס	Z"S	H	**Ze Sod** *C'est le secret*
ז"ע	Z" '	H	**Ze 'Enian** *Ce Sujet*
ז"ת	Za"T	1	**Zain Ta'htonot** *Sept Séphirot inférieures*
זא"ז	ZA"Z	H	**Ze Etsel Ze** *Celle-ci dans celle-ci*
זו"ן	Z"Un	A	**Zeir Anpin and Nukvah** *Partsoufim*
זל"ז	ZL"Z	H	**Ze la Ze** *Celui-ci à celui-là*
זמ"ז	ZM"Z	H	**Ze mi Ze** *Celui-ci de celui-là*
זמ"ן נק"ט	ZM"N NK"T	H	**Zera'im, Mo'hed, Nashim, Nezikim, Kadashim, Tehorot** *Six ordres de Mishna – Guemara*
זע"ז	Z' "Z	H	**Ze 'al Ze** *Celui-ci sur celui-là*
ח"א	'H"A	H	**'Helek Rishon** *Première partie*
ח"ב	'H"B	H	**'Helek Sheni** *Deuxième partie*
ח"ו	'H"V	H	**'Has Veshalom** *Que D. protège*

ACRONYMES

Acronymes		L	Mot - s
ח"ס	'H"S	A	***'Hokhma Stimaah*** *Séphira*
חב"ד	'HBD	H	***'Hokhma, Binah and Da'at*** *Séphirot*
חג"ת	'HGT	H	***Hesed, Gevourah and Tiferet*** *Séphirot*
חד"ר	'HD"R	H	***'Hesed, Din, Ra'hamim*** *Bonté, rigueur et miséricorde*
חו"ב	'HV"B	H	***'Hokhma VeBinah*** *Séphirot*
חו"ג	'HV"G	H	***'Hesed VeGevourah*** *Séphirot*
חו"ג	'HV"G	H	***'Hasadim VeGevurot*** *Bontés et rigueurs*
חו"ל	'HU"L	H	***'Huts LaAretz*** *En dehors d'Erets Israël*
חז"ל	'HZ"L	H	***'Hokhmanu Z'aL*** *Nos sages de mémoire bénie*
חח"ן	'H'H"N	H	***'Hokhma, 'Hesed, Netsa'h*** *Séphirot, pilier droit*
חל"ה	'HL"H	H	***'Helek Le'Olam Haba*** *Une partie dans le monde à venir*
חע"ה	'H""H	H	***'Haye 'Olam Haba*** *Vivant dans le monde à venir*
ט"ס	T"S	H	***Tesha' Séphirot*** *Neuf Séphirot*

197

Acronymes		L	Mot - s

ט"ר   T"R   H   *Tesha' Rishonot*
Neuf premières Séphirot

ט"ת   T"T   H   *Tesha' Ta'htonot*
Neuf Séphirot inférieures

טו"ר   TV"R   H   *Tov veRa'*
Bon et mauvais

טנת"א   TaNTA   H   *Ta'amim, Nekudot, Tagin, and Autiot.*
Cantillation, voyelles, couronnes et lettres

י"א   Y"A   H   *Yesh Oserim*
Certains interdisent

י"א   Y"A   H   *Yesh Omerim*
Certains disent

י"מ   Y"M   H   *Yesh Mekomot*
In some places

י"מ   Y"M   H   *Yesh Mefareshim*
Certains expliquent

י"ס   Y"S   H   *'Assarah Séphirot*
Dix Séphirot

יה"א   YH"A   H   *Yud, He, Aleph*
Les trois Milouyim du Tetragamon

יו"ש   YV"SH   H   *Yamin Usmall*
Droit et gauche

יחנר"ו   Y'HNR"V   H   *Ye'hidah, 'Hayah, Neshama, Roua'h, Nefesh*
Cinq niveaux de l'âme

Acronymes		L	Mot - s
יט"ל	YT"L	H	**Yesh Ta'ham Ledavar** *Il y a une raison à ce dicton*
יו"יו	YY"Y	H	**Yud, Yud, Yud** *Yebarekhekha, Yaer, Yisa (Trois premiers mots de la Birkat Kohanim))*
יסו"ת	ISOT	A	**Israel Saba and Tevunah** *Partsoufim*
יצ"ט	YTS"T	H	**Yetser Tov** *Bon instinct*
יצה"ר	YTSH"R	H	**Yetser Hara'** *Mauvais instinct*
יש"א	YS"A	H	**Yamin, Small, Emtsa'h** *Droit, gauche, milieu*
ישסו"ת	ISOT	A	**Israel Saba and Tevunah** *Partsoufim*
ישסו"ת ב	ISOT 2	1	**Israel Saba and Tevunah 2** *Partsoufim*
כ"א	C"A	H	**Kakh Amar** *De cette façon, il est dit*
כ"א	C"A	H	**Kol E'had** *Chacun*
כ"ב	C"B	H	**22** *Vingt-deux lettres*
כ"ג	C"G	H	**Kohen Gadol** *Grand prêtre*

Acronymes		L	Mot - s
כ"ה	C"H	A	**Katuv Hakha**
			Ainsi écrit
כ"ז	C"Z	H	**Kol Zman**
			Tout le temps
כ"ז	C"Z	H	**Kol Ze**
			Tout cela
כ"ח	C" 'H	H	**Keli 'Hitson**
			Keli extérieur
כ"י	C"Y	H	**Knesset Israel**
			Assemblée d'Israël
כ"כ	C"C	H	**Kol Kakh**
			Autant
כ"מ	C"M	A	**Kan Mashma'**
			De cette façon, nous comprenons
כ"מ	C"M	H	**Kan Matsati**
			De cette façon, j'ai trouvé
כ"מ	C"M	H	**Kol Makom**
			Dans chaque lieu - Tout le temps
כ"ע	C" '	H	**Keter 'Elyon**
			Keter supérieure
כ"פ	C"P	H	**Keli Pnimi**
			Keli Interieur
כאו"א	CAV"A	H	**Kol E'had veE'had**
			Chacune et chacun - Tous
כה"א	CH"A	H	**Kakh Hu Omer**
			Comme il le dit

ACRONYMES

Acronymes		L	Mot - s
כח"ב	K'HB	H	**Keter, 'Hokhma, Binah** *Séphirot*
כחב"ד	K'HB"D	H	**Keter, 'Hokhma, Binah, Da'at** *Séphirot*
כל"י	CL"Y	H	**Kohen, Levi, Israel** *Trois types de Bne Israël*
כמו"ש	CMV"SH	H	**Kemo Shekatuv** *Comme il est écrit*
כנ"ל	CN"L	H	**Kenizcar Le'il** *Comme mentionné ci-dessus*
כנז'	CNZ'	H	**Kenizcar** *Comme il est mentionné*
כצ"ל	CTS"L	H	**Ken Tsarikh Lomar** *Il faut dire de cette façon*
כש"ש	CSH"SH	H	**Kemo Shekatavti Sham** *Comme je l'ai écrit là-bas*
ל"ג	L"G	H	**Lashon Guemara** *Dans la language de la Guemara*
ל"ז	L"Z	H	**Lashon Zakhar** *Désignation masculine*
ל"כ	L"C	H	**Lo Katuv** *Il n'est pas écrit*
ל"כ	L"C	H	**Lo Khen** *Pas de cette façon*
ל"נ	L"N	H	**Lashon Nekevah** *Désignation feminine*

Acronymes		L	Mot - s
ל"נ	L"N	H	**Li Nirey** À mon avis
ל"צ	L"TS	H	**Lo Tsarikh** Pas nécessaire
ל"ת	L"T	H	**Lo Ta'asse** À ne pas faire
לבנ"ה	LVN"H	H	**LaV Netivot Ha'Hokhma** 32 Chemins de la sagesse
לד"א	LD"A	H	**LeDavar A'her** Quelque chose d'autre
לד"א	LD"A	H	**LeDa'at A'herim** De l'avis d'autres
לד"ה	LD"H	H	**LeDivre Hakol** De l'avis de tous
לכ"ע	LC" '	A	**Lekule 'Alma** Tout le temps
למה"ד	LMH"D	H	**Lema Hadavar Domey** A quoi cela ressemble
לעת"ל	L'T"L	H	**Le'atid Lavo** Dans le futur
לש"ש	LSH"SH	H	**Leshem Shamaim** Sans aucun intérêt personnel
מ"א	M"A	H	**Minhag Avoteynu** Coutumes de nos pères
מ"ב	M"B	H	**Quarante deux** Nom de quarante deux lettres

Acronymes			L	Mot - s
מ"ד	M"D		A	**Mayin Dukhrin** *Eaux Masculines*
מ"ה	M"H		H	**MaH (45)** *Milouy de ce nom avec un total de 52*
מ"מ	M"M		H	**Mikol Makom** *De toute façon*
מ"ן	M"N		A	**Mayin Nukvin** *Eaux féminines*
מ"ע	M" '		H	**Mitsvot 'Assey** *Commandements Positifs*
מ"ש	M"SH		H	**Ma Shekatuv** *Ce qui est écrit*
מב"ד	MB"D		H	**Moshia'h fils David** *Messie fils David*
מדה"ד	MDH"D		H	**Midat HaDin** *Attribut de rigueur*
מדה"ן	MDH"N		H	**Midrash HaNe'elam** *Midrash*
מדה"ר	MDH"R		H	**Midat HaRa'hamim** *Attribut de miséricorde*
מה"מ	MH"M		H	**Malakh Hamavet** *Ange de la mort*
מה"ש	MH"SH		H	**Malakhe Hasharet** *Anges de service*
מו"מ	MU"M		H	**Ma'alah Umatah**

203

Acronymes		L	Mot - s
			Dessus et dessous
מו"ס	Mo"S	A	**Mo'ha Stimaa**
			Séphira
מט"ט	MT"T	H	**Matatro-n**
			Nom de l'un des anges principaux
מכ"ש	MC"SH	H	**Mikol Sheken**
			En outre
מל'	ML'	A	**Malkhout**
			Séphira
מל"ת	ML"T	H	**Mitsva Lo Ta'asey**
			Commandement négatif
מנצפ"ך	MNTSP"KH	H	Cinq lettres finales
			Cinq Gevourot
מע"ט	M'"T	H	**Ma'asim Tovim**
			Bonnes actions
מרע"ה	MR' "H	H	**Moshe Rabenu 'Alav Hashalom**
			Moshe Rabenou, paix sur lui
מרשב"י	MRSHB"Y	A	**Meamre Rabbi Shim'on Bar Yo'hai**
			Paroles de Rabbi Shim'on bar Yo'hai
משא"כ	MSHA"C	H	**MaH Sheen Ken**
			Ce qui n'est pas içi
נ"ר	N"R	H	**Nefesh, Roua'h**
			Âme
נה"י	NHY	H	**Netsa'h, Hod and Yesod**
			Séphirot

Acronymes		L	Mot - s
נהי"ם	NHY"M	H	**Netsa'h, Hod, Yesod, Malkhout** Séphirot
נו"ה	NV"H	H	**Netsa'h veHod** Séphirot
נוק'	NUK'	A	**Nukvah** Partsouf - Féminin
ני"ק	NY"K	A	**Nitsusot Kadishin** Étincelles saintes
נל"נ	NL"N	H	**Neshama le Neshama** Niveau supérieur de la Neshama
נק'	NK'	H	**Nikra** Appelé
נר"ן	NaRaN	H	**Nefesh, Roua'h, Neshama** Niveaux de l'âme
נרנח"י	NR*NHY*	H	**Nefesh, Roua'h, Neshama,' Hayah and Ye'hidah** Niveaux de l'âme
נש"ב	NSH"B	H	**Nun Sha'are Binah** 50 voies de la compréhension
נת"א	NT"A	H	**Nekudot, Tagin, Autiot** Voyelles, couronnes, lettres
ס"א	S"A	A	**Sitra A'hra** Côté négatif
ס"א	S"A	H	**Sefarim A'herim** Autres livres
ס"א	S"A	A	**Sitrey Autiot** Secret des lettres

205

Acronymes		L	Mot - s
ס"ג	S"G	H	**SaG**
			Milouy du nom avec un total de 63
ס"מ	S"M	H	**Sam...l**
			Name of the main destructive Angel
			Nom du principal ange destructeur
ס"ת	S"T	H	**Sofe Tevot**
			Lettres finales
ס"ת	S"T	A	**Sitrey Torah**
			Secrets de la Torah
סו"ה	SO"H	H	**Sod Hakatuv**
			Le secret de ce qui est écrit
ספ"י	SP"Y	A	**Séphira**
ע"א	'A"A	H	**'Anaf Rishon**
			Première branche
ע"א	'A"A	H	**'Amud Aleph**
			Premier paragraphe ou page
ע"ב	'A"B	H	**'A"V**
			Milouy du nom avec un total de 72
ע"ד	'A"D	H	**'Al Derekh**
			De cette manière
ע"ה	'A"H	H	**'Alav HaShalom**
			Paix sur lui
ע"ה	'A"H	H	**'Asarat Devarim**
			Les dix paroles (de la création)
ע"ה	'A"H	H	**'Am HaArets**
			Hommes ignorants

206

ACRONYMES

Acronymes		L	Mot - s
ע"ה	'E"H	H	**'Ein Hara'** *Mauvais œil*
ע"ה	'E"H	H	**'Eved HaShem** *Le serviteur de D.*
ע"הר	'E"HR	H	**'Al ze** *Sur ceci*
ע"ז	'A"Z	H	**'Avodah Zarah** *Idolâtrie*
ע"ח	'E" 'H	H	**'Ets 'Haim** *L'arbre de vie*
ע"י	'A"Y	H	**'Atik Yomin** *Partsouf*
ע"כ	'A"C	A	**'Al ken** *Donc*
ע"כ	'A"C	H	**'Avodat Kokhavim** *Idolâtrie*
ע"כ	'A"C	H	**'Ad kan** *Jusqu' ici*
ע"ל	'A"L	H	**'Ayn Le'il** *Expliqué ci-dessus*
ע"מ	'A"M	H	**'Al Menat** *Dans le but de*
ע"ס	'E"S	H	**'Eser Séphirot** *Dix Séphirot*
ע"פ	'A"P	H	**'Al Pi** *Donc*

Acronymes		L	Mot - s
ע"ק	'A"K	H	**'Atika Kadisha** *Partsouf*
ע"ש	'A"SH	A	**'Ayin Sham** *Expliqué là-bas*
עד"ה	'AD"H	H	**'Al Derekh Hakatuv** *Comme c'est écrit*
עד"מ	'AD"M	H	**'Al Derekh Mashal** *Comme dans la parabole*
עה"ד	'AH"D	H	**'Ets Hada'at** *Arbre de la connaissance*
עו"ן	''A"V"N	H	**'Atik VeNukve** *'Atid et sa Nukvah*
עוה"ז	'OVH"Z	A	**'Olam Haze** *Ce monde*
עי"ז	'AY"Z	H	**'Al Yede ze** *Depuis - Donc*
עי"מ	'Y"M	H	**'Ibour, Yenikah, Mo'hin** *Gestation, allaitement, cerveaux*
עיה"ק	'YH"K	H	**'Ir HaKodesh** *Ville sainte*
עכ"ד	'AC"D	H	**'Ad Kan Debarav** *Jusqu'ici ses paroles (fin de citation)*
עכ"ל	'AC"L	H	**'Ad Kan Leshono** *Jusqu'ici ses paroles (fin de citation)*

Acronymes		L	Mot - s
עכ"פ	'AC"P	H	*'Al Kol Panim* *De toute façon*
עכו"מ	'ACU"M	H	*'Oved Kokhavim VeMazalot* *Idolâtres*
עסמ"ב	'ASM"B	H	*'A"V, SaG, MaH, BaN* *Quatre façons d'épeler le nom YKVK*
עצה"ד	'ETSH"D	H	*'Ets Hada'at* *Arbre de la connaissance*
עש"ה	'ASH"H	H	*'Ayin Sham Etev* *Mieux expliqué là-bas*
פ"	PY'	H	*Pirush* *Éxplication*
פ"א	P"A	H	*Perek Rishon* *Premier paragraphe*
פב"א	PB"A	H	*Panim B A'hor* *Face à dos*
פב"פ	PB"P	H	*Panin B Panim* *Face à Face*
פו"ח	PV" 'H	H	*Penimiut ve'Hitsoniut* *Intériorité et extériorité*
פלחה"ק	PL'HH"K	H	*Peti'ha Le'hokhma HaKabbalah* *Introduction à la connaissance de la Kabbale*
פרד"ס	PRD"S	H	*Pshat, Remez, Drash, Sod* *Litéral, Allusion, Homélie, Secret*

Acronymes		L	Mot - s

צ"ע   TS" 'I   H **Tsarikh 'Iyun**
Il faudrait approfondir

צח"מ   TH'H"M   H **Tsomea'h, 'Hay, Medaber**
Végétal, Animal, parlant

ק"ק   K"K   H **Kodshe Kodashim**
Saint des Saints

ק"ש   K"SH   H **Keriat Shema'**
Lecture de la Shema'

קב"ח   KB"H   H **Kudsha Berikh Hu**
Saint et béni Il est

קבו"ש   KBH"SH   A **Kudsha Berikh Hu VeShkhinte**
Saint et béni Il est, et sa Shekhina

קוש"י   KUSH"Y   A **Kutsu shel Yud**
Le bord (partie supérieure) de la lettre Yud

קל"י   KLY'   H **Klipot**
Écorces

קמ"ג   KM"G   H **KM"G**
Milouy du nom א - ה - י - ה *avec la lettre* א

קנ"א   KN"A   **KN"A**
Milouy du nom א - ה - י - ה *avec la lettre* ה

קס"א   KS"A   **KS"A**
Milouy du nom א - ה - י - ה *avec la lettre* י

Acronymes			L	Mot - s
ר"א	R"A			**Rabbi Aba**
				L'une des principales figures du Zohar
ר"א	R"A		H	**Rabbi El'azar**
				Fils de Rabbi Shim'on bar Yo'hay
ר"חו	R'HV		H	**Rabbi Haim Vital**
				Principal étudiant de l'Ari Z'al
ר"י	R"Y		H	**Rabbi Yehudah**
				L'une des principales figures du Zohar
ר"י	R"Y		H	**Rabbi Yossi**
				L'une des principales figures du Zohar
ר"י	R"Y		H	**Rabbi Its'hak**
				L'une des principales figures du Zohar
ר"ל	R"L		H	**Retsono Lomar**
				Il voudrait dire
רדל"א	Rdl'a		H	**Radl"a**
				La tête inconnue
רה"י	RH"Y		H	**Reshut Haya'hid**
				Propriété privée
רה"ק	RH"K		H	**Roua'h HaKodesh**
				L'inspiration divine
רה"ר	RH"R		H	**Reshut HaRabim**
				Propriété publique

211

Acronymes		L	Mot - s
רמ"ק	RM"K	H	**Rabbi Moshe Kordovero** *Kabbaliste de Tsfat*
רמח"ל	RM'H"L	H	**Rabbi Moshe Haim Luzzatto** *Kabbaliste de Padoue, Italie*
רע"צ	R'I'm	H	**Ra'ia Mehimana** *Partie du Zohar*
רפ"ח	RP" 'H	A	**Rapa'h** *288 (Étincelles)*
רשב"י	RSHB"Y	H	**Rabbi Shim'on Bar Yo'hay** *Auteur du Zohar*
רשר"ד	RSHR"D	H	**Reiya, Shemi'ah, Reya'h, Dibur** *Vue, Ouïe, Odorat et Parole*
ש'	SH"	H	**Sha'ar** *Entrée (livre, chapitre)*
ש"א	SH"A	H	**Shelish Emtsa'i** *Tiers médian*
ש"א	SH"A	H	**Shelish Rishon** *Premier tiers*
ש"ב	SH"B	H	**Shelish Sheni** *Deuxième tiers*
ש"ע	SH" '	H	**Shelish 'Elyon** *Tiers supérieur*
ש"ת	SH"T	H	**Shelish Ta'hton** *Tiers inférieur*
שביה"כ	SHBYH'C	H	**Shvirat HaKelim** *Des récipients*

212

Acronymes		L	Mot - s
שנא"ן	SHNA"N	H	**Shor, Aryeh, Nesher, Adam**
			Quatre visages de la Merkavah
שס"ה	SHS"H	H	**365**
			Nombre
ת"ד	T"D	H	**Tikouna Dikna**
			Tikounim de la Dikna
ת"ז	T"Z	A	**Tikoune Zohar**
			Partie du Zohar
ת"ח	T" 'H	H	**Ta 'Haze**
			Venez voir
ת"ח	T" 'H	A	**Talmid 'Hakham**
			Erudit
ת"ח	T" 'H	H	**Tikounim 'Hadashim**
			Partie du Zohar
ת"ש	T"SH	H	**Ta Shema'**
			Venez écouter
ת"ת	T"T	A	**Tiferet**
			Séphira
תו"מ	TV"M	H	**Tiferet, Malkhout**
			Séphirot
תושב"ב	TSHB"C	H	**Torah SheBikhtav**
			Torah écrite
תושב"פ	TSHB"P	H	**Torah SheBe'alpe**
			Torah orale

213

Acronymes		L	Mot - s
תכ"ת	TC"T	H	***Telat Klalin BeTelat***
			Trois sur trois
תרי"ג	TRY"G	A	***613***
			Nombre
תש"י	TSH"Y	H	***Tefilin shel Yad***
			Tefilin de la main
תש"ר	TSH"R	H	***Tefilin shel Rosh***
			Tefilin de la tête

GLOSSAIRE

א"ק
A"K
Adam Kadmon
Initiales

אבא
Abah
Partsouf Abah
L'un des cinq *Partsoufim* principaux (configurations). C'est la *Séphira 'Hokhma*.

אבא ואמא
Abah Ve Imah
Partsoufim Abah et *Imah*
Ces deux *Partsoufim* (configurations) sont essentiels pour la direction des mondes, *Abah* est la *Séphira 'Hokhma*, *Imah* est la *Séphira Binah*.

אבחנה
Av'hana
Distinction - perspicacité
Compréhension de la signification plus profonde ou interprétation Kabbalistique.

אבר
'Ever
Organe – membre
Dans le langage de la Kabbalah, des anthropomorphismes sont employés uniquement pour illustrer la puissance ésotérique de ces forces.

אדם קדמון
Adam Kadmon
Homme primordial - monde au-dessus de *Atsilout*
Cette première configuration, ou premier monde où les lumières émanées furent arrangées en dix *Séphirot* linéaires.

217

אדנ - י .

Adona-y
Un des noms de D., représenté par la *Séphira Malkhout*.

אהי – ה

AHY-H
Un des noms de D., représenté par la *Séphira Keter*.

אור

Or
Lumière
Nom utilisé pour décrire une émanation, une force ou énergie.

אחור

A'hor
Derrière - dos
En général cela représente la rigueur.

אחר

A'her
Autre
Nom également utilisé pour l'autre force ou coté négatif.

אילן

Ilan
Arbre   La disposition des *Séphirot* dans l'arrangement des trois piliers s'appelle l'arbre *Séphirotique*.

אין סוף

Ein Sof
Sans fin ou limite - Infini
Un des noms de D.   C'est le nom de D. le plus souvent utilisé dans la Kabbalah.

אלוה - ים

Elohi-m
Un des noms de D., représenté par la *Séphira Gevourah*. En général, il dénote la rigueur dans les actions de D..

אמא
Imah
Partsouf Imah
Une des cinq configurations principales. C'est la *Séphira Binah*.

אצילות
Atsilout
Monde de l'émanation
Le plus haut des quatre mondes, au-dessus des mondes de *Beriah*, *Yetsirah* et de *'Asiah*. De *Atsilout* ont émané tous les mondes inférieurs qui sont la source d'existence pour les entités séparées et physiques.

אצילות בריאה יצירה עשייה
Atsilout, Beriah, Yetsirah et 'Asiah
De la première configuration, *Adam Kadmon* (homme primordial) des émanations firent les quatre mondes inférieurs. Le premier monde est *Atsilout* - le monde de l'émanation. Sous le diviseur d'*Atsilout* est le monde de *Beriah* (création) - le monde des *Neshamot* (âmes). Sous le diviseur de *Beriah* est le monde de *Yetsirah* (formation) - le monde des anges. Sous le diviseur de *Yetsirah* est le monde de *'Asiah* (action) - le monde physique.

ארי ז"ל
Ari Z'Al
Rabbi Its'hak Luria Ashkenazi
Né à Jérusalem en 1534, mort en 1572 à Tsfat, Israël. Il était le principal Kabbaliste de Tsfat, il expliqua et clarifia tous les principaux concepts de la Kabbalah. Il est l'auteur du «'Ets 'Haim».

אריך אנפין
Arikh Anpin
Partsouf - long visage
C'est le *Partsouf* (configuration) principal dans chaque monde. Tous les autres *Partsoufim* sont ses «branches».

אתב"ש
ATBaSH
Permutation de lettres pour comprendre des significations cachées de mots. La première lettre remplacée par la dernière, la seconde par l'avant dernière etc.

ב"ן
BaN (52)
Milouy (épellation) du nom de י-ה-ו-ה avec un total de 52. Il correspond à l'aspect féminin – rigueur.

בינה.
Binah
Séphira (discernement), troisième des *Séphirot*.

ברוך הוא
Barukh Hu, ou B' H
Béni Il est.
Généralement utilisé après la prononciation ou l'écriture des noms de D.

בריאה.
Beriah
Monde de la création - des âmes
Le deuxième monde à se dévoiler s'appelle *Beriah* ; le monde de la création. C'est le monde des *Neshamot* (âmes). Il est sous *Atsilout* et au-dessus de *Yetsirah* et *'Asiah*.

בר יוחאי
Bar Yo'hay
Rabbi Shim'on Bar Yo'hay
Pour échapper aux Romains, il entra pour se cacher avec son fils Rabbi El'azar dans une caverne pendant treize années et y composa le Zohar.

ברכה.
Berakhah
Bénédiction.
En disant la bénédiction avec la méditation Kabbalistique sur les mots ou les noms appropriés, nous agissons et participons directement sur le *Tikoun* (réparation) de la chose à être bénie.

ג ' ראשונות.
Shalosh Rishonot
Les trois premières *Séphirot :   Keter, 'Hokhma, Binah*

ג"ר
G"aR
Initiales des trois premières *(Shalosh Rishonot)*

גבול
Gevoul
Frontière - limite
En mettant des frontières à Sa lumière, le Créateur révéla les concepts de rigueur et de limite requis pour les êtres créés et leur donna ainsi un espace d'existence.

גבורה.
Gevourah
Rigueur
Les résultats de sa lumière une fois filtrés par la *Séphira Gevourah* émanent la rigueur. La rigueur est la plupart du temps manifestée par tous les aspects féminins tel que : le nom de *BaN* (52), la *Séphira Gevourah*, et par le voilement des aspects masculins qui représentent la bonté.

גבורה
Gevourah
Séphira (rigueur)
Cinquième *Séphira*.

גימטריה
Gematria
Valeurs numériques des lettres Chaque lettre a sa propre valeur numérique. Le fait que des mots aient la même valeur numérique n'est pas simplement coïncidence, mais dénote une similitude ou une complémentarité.

גלגול
Gilgoul
Réincarnation
Le *Tikoun* de l'âme est souvent réalisé par le *Gilgoul* (réincarnation) où l'âme revient dans un autre corps afin d'accomplir un manque ou rectifier une faute.

גן עדן
Gan 'Éden
Le jardin d'Éden
L'endroit de repos pour les *Neshamot* (âmes) après leur séparation d'avec leurs anciens corps physiques. Il y a un Gan 'Eden inférieur et supérieur.

גן עדן תחתון
Gan Éden Takhton
Le jardin d'Éden inférieur
Dans le *Gan 'Éden* inférieur, les *Neshamot* (âmes) apprécient les plaisirs spirituels mais ont toujours un corps spirituel qui ressemble à leur ancien corps.

גן עדן עליון
Gan 'Éden 'Elyon
Le jardin d'Éden supérieur
Dans le *Gan 'Éden* le plus élevé, les *Neshamot* (âmes) apprécient des plaisirs spirituels purs, et n'ont plus d'image spirituelle ressemblant à leur ancien corps.

גשמיות.
Gashmiout
Corporalité
Les possibilités d'existence pour les entités séparées ne sont devenues possibles, qu'une fois seulement distancées de l'intensité de Sa lumière. Plus la distance est grande, plus la corporalité est possible

דו"ן
Du"N
Masculin et féminin
Initiales

דוכרין ונוקבין
Dukhrin Ve Nukvin
Masculin et féminin
Voir Main Doukhrin, Mayin Noukvin

דומם, צומח, חי, מדבר
Domem, Tsomeakh, 'Hay, Medaber
Minéral, végétal, animal et parlant
En parallèle aux quatre mondes d'*Atsilout*, *Beriah*, *Yetsirah* et *'Asiah*, il y a quatre types d'existence dans notre monde : minéral, végétal, animal, et parlant.

דעת
Da'at
Séphira (connaissance)
Quatrième des *Séphirot*.

דעת
Da'at
La connaissance
La connaissance essentielle est celle de la volonté du Créateur et de Ses voies de direction dans cette existence, tel qu'expliqué dans la Kabbalah.

האארה
Hearah
Illumination
Illumination particulière d'une lumière pour un but spécifique.

הוד.
Hod
Séphira - gloire
Huitième des *Séphirot*.

הוי"ה
HaVaYaH
Une des façons de mentionner le Tetragamon   יְ - ה - ו - ה
sans le prononcer.

היכל
Hekhal
Portail - niveau
Les *Hekhalot* sont les différents niveaux d'ascension des prières avant d'atteindre le *'Olam Atsilout* pendant la *'Amidah*.

הנהגה
Hanhagah
Direction
La direction des mondes est faites par l'influence des *Séphirot* et des *Partsoufim* (configurations).

הרחקה.
Har'hakah
Distancer
La distance dénote un contraire ou une incompatibilité. Les possibilités d'existence pour les entités séparées ne sont devenues possibles, qu'une fois distancées de l'intensité de Sa lumière.

השגה.
Hasagah
Compréhension

Pour atteindre un plus haut niveau de connaissance et de compréhension, on doit faire l'effort d'étudier le *Sod* (secret) de la *Torah* qui est la Kabbalah.

השתלשלות
Hishtalshelout
Évolution - Série d'événements

Dans la Kabbalah, la *Hishtalshelout* est la série d'événements à partir du premier acte dans la création qui est le « *Tsimtsoum* » (rétraction), jusqu'aux arrangements complexes qui font la direction des mondes.

ז ' מלכים
Sheva' Malkhin
Sept rois

Les sept rois d'Edom qui sont morts (Bereshit, 36, 31), correspondent aux sept *Séphirot* inférieures qui se sont brisées pendant la *Shvirat Hakelim* (des récipients).

ז"א
Z'A
Zeir Anpin (petit visage)

Initiales du *Partsouf Zeir Anpin*, utilisées plus souvent que le nom au complet.
Voir *Zeir Anpin*

ז"ת
Za'T
Zain Takhtonot
Initiales : Sept inférieures

זו"ן
Z"uN
Zeir Anpin et *Noukva*

Initiales des *Partsoufim Zeir Anpin* et *Noukva*, utilisées plus souvent que les noms au complet.

זוהר
Zohar
Le livre de la splendeur, écrit par Rabbi Shim'on Bar Yo'hay. Le Zohar est l'explication ésotérique et mystique de la *Torah*, et la base de la plupart des écrits de Kabbalah.

זיו.
Ziv
Rayonnement - illumination
Une lumière supérieure peut illuminer une inférieure pour l'influencer, ou pour créer une nouvelle émanation.

זיווג
Zivoug
Union
Le *Zivoug* est l'union du masculin avec son féminin. Tous les effets des émanations supérieures sont le résultat des différentes unions de lumières masculines et féminines. Le rôle de l'homme est d'aider et provoquer ces unions de configurations afin d'obtenir un résultat.

זין תחתונות
Zayin Takhtonot
Sept inférieurs
Les sept *Séphirot* inférieures : *'Hesed*, *Gevourah*, *Tiferet*, *Netsa'h*, *Hod*, *Yesod*, *Malkhout*.

זכר
Zakhar
Masculin
Il y a des *Partsoufim* masculins qui accordent la bonté, et des *Partsoufim* féminins qui accordent la rigueur. Par leurs unions, différents équilibres de ces deux forces (bonté et rigueur) font la direction.

226

זעיר אנפין
Zeir Anpin
Partsouf Zeir Anpin (petit visage)
Zeir Anpin (*Z'A*) se compose des sept *Séphirot* inférieures :
'Hesed, Gevourah, Tiferet, Netsa'h, Hod, Yesod et *Malkhout*.
C'est la principale configuration par rapport à la manifestation
de la direction dans notre monde.

חבד.
'HaBaD
'Hokhma, Binah et *Da'at*
Initiales du premier triplet de *Séphirot* : *'Hokhma, Binah* et
Da'at.

חגת.
'HaGaT
'Hesed, Gevourah et *Tiferet*
Initiales du deuxième triplet de *Séphirot* : *'Hesed, Gevourah*
et *Tiferet*.

חומר
'Homer
Matériel - Physique
La matérialité ne se retrouve que dans le monde inférieur
'Asiah - action.

חוץ.
'Houts
Dehors
Dénote une position de non compatibilité ou d'un contraire.

חושך
'Hoshekh
Obscurité
État de distance de la *Kedousha* et de proximité à la *Sitra A'*
hra (côté négatif).

חיבור
'Hibour
Attachement
Toutes les *Séphirot* et *Partsoufim* ont un certain degré d'attachement entre eux.

חיה
'Hayah
Quatrième niveau de l'âme
'Hayah est le quatrième niveau de l'âme et ne peut être acquis qu'après les niveaux précédents.

חיות
'Hayout
Vie
Toute vie, positive ou négative n'a qu'une origine ; D., l'unique Créateur et source de toutes vies.

חיצוניות
'Hitsoniout
Extériorité
La force extérieure ou négative - *Sitra A'hra* s'appelle également extériorité.

חכמה
'Hokhma
Séphira - sagesse
Deuxième des *Séphirot*.

חכמת האמת
'Hokhmat HaEmet
La connaissance de la vérité
Un des noms de la Kabbalah.

חלל.
'Hallal
Espace - vide
L'espace vacant laissé par le *Tsimtsoum* (rétraction) de Sa lumière.

228

חסד
'Hesed
Générosité - bonté
La bonté est manifestée par le positionnement et l'interaction des différents *Partsoufim* masculins et féminins.

חסד
'Hesed
Séphira (bonté)
Quatrième des *Séphirot*.

חסד, גבורה, תפארת
'Hesed, Gevourah et Tiferet
Deuxième triplet des *Séphirot*.

טמא
Tameh
Impur
État de distance de la *Kedousha* et de proximité à la *Sitra A'hra* (force négative).

י -הוה
Adona-y
Y-H-V-H Tetragamon (ה - ו - ה - י)
Le nom principal de D., indique la bonté et la pitié, représenté par la *Séphira Tiferet*. Les forces ou les énergies créatrices sont les différentes puissances investies dans les lettres du nom du de D. ה - ו - ה - י, et les diverses lettres supplémentaires ajoutées pour faire leurs différentes épellations.

יום.
Yom
Jour
Chaque nouveau jour est d'une nouvelle émanation qui le régit.

יחוד.
Yi'Houd
Unification - union
L'union des *Séphirot* ou des *Partsoufim* pour le *Zivoug* et pour la descente de l'abondance.

יחודו
Yi'houdo
Son Unicité
La lumière de D. est unique, de force et qualité égale, et au delà de toute description.

יחידה
Ye'hida
Cinquième niveau de l'âme
Ye'hida est le cinquième niveau et ne peut être acquis qu'après tous les niveaux précédents.

יסוד
Yesod
Séphira (fondement)
Neuvième des *Séphirot*.

יצירה
Yetsirah
Monde de la formation - des anges
Le troisième monde à se dévoiler s'appelle *Yetsirah* ; le monde de la formation, le monde des anges. Il est sous *Atsilout* et *Beriah* et au-dessus de *Asiah*.

יצר.
Yetser
Instinct - impulsion
Le *Yetser Hatov* correspond au bon ou à l'impulsion positive chez l'homme, le *Yetser Hara'* est sa mauvaise ou négative impulsion.

ירושלים
Yerushalaim
Jérusalem
L'endroit le plus rapproché des émanations de D.

ישסו " ת.
ISOT
Partsoufim Israël Saba et *Tevounah*
Initiales

ישסו"ת ב
ISOT 2
Deuxième *Partsoufim* de *Israël Saba* et *Tevounah*
Initiales

כוונה.
Kavanah
Intention - concentration
Kavanah est de comprendre les mots, le sens et se concentrer sur l'intention de la bénédiction ou de la *Tefilah* (prière).

כחב
Ka'HaB
Keter, '*Hokhma*, *Binah* Initiales

כיסא
Kisey
Trône
Il y a trois types principaux de trônes :
- Kisey HaDin - trône de justice
- Kisey Hakavod - trône de gloire
- Kisey' *Ra'hamim* - trône de la miséricorde

כלי
Keli
Récipient
Chaque *Séphira* se compose d'un récipient appelé *Keli*, qui contient sa partie de lumière appelée *Or*.

231

כתר.
Keter
Séphira - couronne
La première et plus importante des Séphirot.

כתר, חכמה, בינה
Keter, 'Hokhma, Binah
Les trois premières Séphirot, souvent appelées Ga'R ; Shalosh Rishonot (trois premières).

לאה
Leah
Leah - Partsouf Noukva
Le Partsouf Noukva comporte deux Partsoufim distincts (configurations) : Ra'hel et Leah, Partsouf Leah est de l'aspect de la rigueur.

להחמיר
LeHa'Hmir
Être plus rigoureux
Être méticuleux et rigoureux sur tous les détails, en accomplissant une Mitsva ou en faisant une Tefilah.

לוצאטו
Luzzatto
Rabbi Moshé 'Haim Luzzatto - Ramhal

Né à Padoue, en Italie en 1707, mort en Israël en 1746. Rabbi Moshé 'Haim Luzzatto était un auteur très prolifique et a écrit sur les tous les aspects de la Torah et de la Kabbalah.

לקבל.
Lekabel
Recevoir
Le mot Kabbalah vient du verbe Lekabel (recevoir), mais pour recevoir, il est d'abord nécessaire de vouloir et de devenir un Keli (récipient) capable de recevoir et de contenir cette connaissance.

232

מ"ה
MaH (45)
Milouy (épellation) du nom י-ה-ו-ה avec un total de 45

Le nom de *MaH* (45) est le *Milouy* (épellation) de א, qui est un
(ו) (Vav) ligne au milieu (miséricorde) qui unit deux י (Youd)
(bonté et rigueur). Il est d'un aspect masculin et représente la
bonté.

מ"ן
MaN
Mayin Noukvin (eaux féminines)
Initiales

מוחין
Mo'hin
Cerveaux
Les *Mo'hin* sont la force directive donnée au *Partsouf*
(configuration).

מיין דוכרין
Mayin Doukhrin
Eaux masculines
Une des deux émanations allégoriquement appelée eaux
masculines car elle provient d'en haut.

מיין נוקבין
Mayin Noukvin
Eaux féminines
Une des deux émanations allégoriquement appelée eaux
féminines car elle provient d'en bas.

מילוי
Milouy
Épellation
Selon les lettres qui sont employées, la valeur numérique d'un
nom change et chacune de ses possibilités devient différente
dans sa nature et actions.

מלאכים.
Malakhim
Anges
Le monde des anges est le troisième monde ; *'Olam Yetsirah* - le monde de la formation.

מלכות.
Malkhout
Séphira (royauté)
Dixième des *Séphirot*.

מעשה בראשית
Ma'ase Bereshit
Travaux ou actes de la création
Nom donné pour tous les détails du début de la création, du *Tsimtsoum*, des premiers mondes, *Séphirot* etc.

מעשה המרקבה
Ma'ase Hamerkava
Travaux ou actes du char merveilleux
Nom donné pour tous les détails des *Séphirot*, *Partsoufim*, *Tikounim* et des *Zivougim* qui influencent ou font la direction.

מצוה.
Mitsva
Commandement
Comme il y a 613 *Mitsvot*, il y a 613 veines et os à l'homme, 613 parties à l'âme, et chaque *Séphira* et *Partsouf* contiennent également 613 parties. Ce nombre n'est pas arbitraire, car il y a des interdépendances et interactions importantes entre elles.

מקובל.
Mekoubal
Kabbaliste - Accepté
Un Mekoubal est une personne qui est acceptée pour recevoir cette connaissance et qui peut la contenir en menant une vie dans la droiture et dans le chemin de la *Torah* afin de constamment se renforcer.

מקום.

Makom

Endroit - Espace

Jusqu'à ce que le monde ait été créé, Lui et Son Nom étaient un. Quand Il a désiré créer, Il contracta Sa lumière pour créer tous les êtres en leur donnant un espace.

מקור.

Makor

Source - origine

Chaque émanation a sa source dans les mondes plus élevés

מרקבה.

Merkavah

Char

Les *Partsoufim* (configurations), *Séphirot* et l'arbre *Séphirotique*, avec toutes leurs interdépendances, actions et illuminations

משל.

Mashal

Allégorie

Utilisée parfois pour expliquer ou illustrer des concepts difficiles.

מתלבש.

Mitlabesh

Habiller

Les *Partsoufim* s'habillent un dans l'autre. Le *Partsouf* supérieur s'habillera à l'intérieur de celui en-dessous pour le diriger.

נהי

NeHY

Netsa'h, Hod et *Yesod*

Initiales du troisième triplet de *Séphirot* : *Netsa'h, Hod* et *Yesod*.

נוטריקון
Notarikon
Acronyme

Notarikon est une méthode d'interprétation dans laquelle les initiales de différents mots font un nouveau mot.

אל מלך נאמן = אמן

נוקבא
Noukva
Féminin - *Séphira Malkhout* – *Partsouf* Ra'hel, et Leah

Le *Partsouf* (configuration) *Noukva* représente le féminin, le principe de la réception. Il comporte deux *Partsoufim* distincts: Ra'hel et Leah.

ניצוצות
Nitsoutsot
Étincelles

Pour soutenir les sept *Séphirot* après qu'elles se soient cassées, 288 étincelles de leurs lumières sont descendues aussi, car un raccordement à leurs lumières originales était nécessaire afin de les maintenir vivantes.

נמשל
Nimshal
Sens de l'allégorie

Utilisée parfois pour expliquer l'allégorie ou illustrer des concepts difficiles.

נפש
Nefesh
Âme - premier niveau de l'âme

Nefesh est le premier et plus bas niveau de l'âme.

נפש, רוח, נשמה, חיה, יחידה
Nefesh, Roua'h, Neshama, 'Hayah et Ye'hida
L'âme a cinq noms : *Nefesh*, *Roua'h*, *Neshama*, *'Hayah* et *Ye'hida*, qui correspondent à ses cinq niveaux. L'âme est l'entité spirituelle à l'intérieur du corps, ce dernier étant seulement son vêtement externe.

236

נצח.
Netsa'h
Séphira (splendeur), septième des *Séphirot*.

נקבה.
Nekevah
Femelle - féminine
La rigueur est manifestée par tous les aspects féminins et par la dissimulation des aspects masculins, qui représentent la bonté.

נקודות
Nekoudot
Voyelles - Ponctuation - Points
Chaque voyelle correspond à une *Séphira*. En combinaison avec les lettres, elles dévoilent une facette de l'identité intérieure du mot.

נר"ן
NaRaN
Nefesh, Roua'h, Neshama
Initiales des trois premiers niveaux d'âmes.

נשמה.
Neshama
Âme - troisième niveau de l'âme
Neshama est le troisième niveau et ne peut être acquis qu'après les niveaux de *Nefesh* et de *Roua'h*.

ס"ג
SaG (63)
Milouy (épellation) du ה - ו - ה - י avec un total de 63.
Le nom de *SaG* est le deuxième niveau des quatre noms pour un total de 63.

ס"מ
S"M
Initiales du principal ange destructif

סגולה.
Segoulah
Remède - protection
Noms ou combinaisons des noms des anges avec les signes ou les incantations spéciaux, écrits sur du parchemin pour se protéger, ou pour appeler des puissances particulières.

סוד - סודות
Sod – ot
Secret - s
Par la connaissance de la Kabbalah, nous pouvons arriver à un niveau de compréhension supérieur, et arriver en quelque sorte, à 'décoder' les profonds secrets de la *Torah*.

סיטרא אחרא
Sitra A'hra
Force négative
La *Sitra A'hra* se retrouve dans le manque, ou l'absence de *Kedousha*.

ספירה
Séphira
La lumière de D. est unique et de force et qualité égales. Une *Séphira* est en quelque sorte un « filtre » qui transforme cette lumière en une force ou attribut particulier, par lesquels le Créateur guide les mondes.

ספירות
Séphirot
Pluriel de *Séphira*
Voir *Séphira*

ספירות הישר
Séphirot HaYashar
Séphirot droite
Séphirot arrangées en trois colonnes : droite, gauche et milieu, représentant la direction du monde de la façon de *'Hesed*, *Gevourah* et *Ra'hamim* (bonté, rigueur et miséricorde).

ספירות העיגולים
Séphirot Ha'Igulim
Séphirot circulaires

Ces dix Séphirot sont responsables de la direction générale des mondes et ne sont pas influencées par les actions des hommes.

ע"ב
'A"V

Milouy (épellation) du Nom י-ה-ו-ה avec un total de 72
Le nom de 'A"V est du plus haut niveau des quatre noms 'A"V, SaG, MaH et BaN

עב, סג מה, בן
'A"V, SaG, MaH, BaN

Épellation du Nom י-ה-ו-ה selon les quatre totaux de 72, 63, 45, 52
Il y a différentes façons d'épeler chacune des quatre lettres du nom de D. ה - ו - ה - י. Comme chaque lettre représente une valeur numérique, le total du nom épelé en entier change. Ainsi, chacune de ces épellations fera un nouveau nom ayant une identité, un rôle et une force particulière.

עבודה
'Avodah
Service - devoir
Prières, accomplissement des commandements etc.

עולם
'Olam
Monde
Un 'Olam est une possibilité et un type d'existence dans une dimension particulière.

.עשיה
'Asiah
Monde de l'action - de l'homme
Le quatrième monde à se dévoiler s'appelle 'Asiah (action) - le monde de l'existence physique.

עשר.
'Eser
Dix
Nombre de *Séphirot* dans chaque monde, ainsi que dans chaque *Séphira*, *Partsouf* ou configuration. Presque tout ce qui existe se manifeste en dix énergies.

עת.
'Et
Temps - moment
Chaque moment est différent, a sa propre identité et peut être décrit en tant que différentes permutation des noms de D., ainsi que par les diverses *Séphirot* et *Partsoufim*.

עתיק יומין
'Atik Yomin
Partsouf - Ancien
Le *Partsouf* *'Atik Yomin* est le plus rapproché des hautes émanations et donc supérieur à tous les autres *Partsoufim*.

פנימיות.
Pnimiout
Intériorité
Ce qui est dedans ou intérieur.
S'applique en outre à une signification ou à une spiritualité plus profonde.

פרצוף.
Partsouf
Configuration - visage
Un *Partsouf* est une configuration de une ou plusieurs *Séphirot* agissant en coordination.

פרצופים.
Partsoufim
Configurations
Voir *Partsouf*

240

צדיק.
Tsadik
Juste

État de proximité maximum à la *Kedousha* et de distance de la *Sitra A'hra* (force négative). Attribué aussi à la *Séphira Yesod*.

צינור.
Tsinor
Conduit

Une *Séphira* est en quelque sorte un « conduit » qui transforme la lumière de D. en une force ou qualité particulière, par lesquelles le Créateur guide les mondes.

צל"ם
Tselem
Mo'hin (cerveaux) de *Z'A*

Les *Tselem* sont la force directive - *Mo'hin* (cerveaux) donnée à la configuration *Zeir Anpin*.

צמצום
Tsimtsoum
Contraction - rétraction

Le « *Tsimtsoum* » est le premier acte de l'*Ein Sof* (Infini) dans la création. C'est la rétraction de Sa lumière d'un certain espace en l'encerclant, afin de réduire son intensité et permettre aux êtres créés d'exister.

קבלה
Kabbalah

La Kabbalah est l'explication mystique et ésotérique de la *Torah*. Elle enseigne le déploiement des mondes, les diverses manières de direction de ces mondes, le rôle de l'homme dans la création, la volonté du Créateur et plus.

קבלה מעשית
Kabbalah Ma'asit
Kabbalah pratique

L'autre type de Kabbalah, où des noms ou combinaisons de noms d'anges sont employés avec des signes ou incantations, parfois écrits sur un parchemin, pour appeler ces puissances particulières à agir ou changer les états normaux d'événements.

קדוש.
Kadosh
Saint

État de proximité à la *Kedousha* et de grande distance à la *Sitra A'hra* (force négative).

קדוש ברוך הוא
Kadosh Baroukh Hou
Saint et béni il est
Un des noms de D.

קדושה
Kedousha
Sainteté

État de sainteté où il n y a pas de présence du mal. En accomplissant les *Mitsvot* et par les prières, les hommes font les *Tikounim* (rectifications) nécessaires pour détacher les *Klipot* - écorces du mal, de la *Kedousha*. Le but final étant de créer une distance maximum entre la *Sitra A'hra* (force négative) et la *Kedousha*.

קו
Kav
Rayon - ligne
Rayon de lumière qui a émergé du '*Ein Sof* (Infini) et est entré d'un côté du "' *Hallal* " (l'espace vide).

242

קודשא בריך הוא
Koudsha BerikhHu
Saint et béni il est (Araméen)
Voir Kadosh Baroukh Hou

קליפות
Klipot
Écorces (forces négatives)
Les *Klipot* sont la manifestation de la force négative.

קלקול.
Kilkoul
Détérioration - dommage
Kilkoul est l'opposé de *Tikoun* (rectification).

קמיע
Kmi'a
Amulette
Noms, ou combinaisons de noms d'anges, avec des signes ou incantations particulières écrits sur un parchemin, pour protéger ou appeler certaines puissances à agir.

רוח
Roua'h
Âme – deuxième niveau de l'âme
Roua'h est le deuxième niveau de l'âme, il est acquis après le premier niveau de *Nefesh* et avant les prochains niveaux.

רוחני
Rou'hani
Spirituel
Une personne spirituelle donnera de l'importance à la signification plus élevée des choses et vivra dans un chemin de droiture pour se renforcer constamment.

רחל.
Ra'hel
Partsouf Noukva - Ra'hel
Partsouf Ra'hel est l'essentiel de la configuration féminine *Noukva*.

רמח"ל
Ram'hal
Initiales de Rabbi Moshé 'Haim Luzzatto

רע.
Ra'
Mal - Mauvais
Voir *Sitra A'hra*

רפ"ח נצוצות
Rapa'h Nitsoutsot
288 étincelles
Voir Nitsoutsot

רצון להשפיע
Ratson Lehashpia
Volonté à accorder
La volonté du Créateur est d'accorder la bonté à ses créatures.

רצון לקבל
Ratson Lekabel
Désir de recevoir
Par sa nature l'homme est lui-même un *Keli* (récipient) avec une volonté de recevoir sans limites.

רשימו.
Reshimou
Impression - trace
Impression ou trace de la première lumière qui est demeurée à l'intérieur de l'espace vacant après le *Tsimtsoum*.

244

שבירת הכלים
Shvirat Hakelim
Les récipients

Les récipients – réceptacles des sept *Séphirot* inférieures de l'aspect du nom de *BaN* ne pouvaient retenir l'afflux de leurs lumières et se sont cassés. Cela causa un dommage important lors de la création et donna au mal une possibilité d'exister.

שבת
Shabbat
Le septième jour, Shabbat correspond à la septième *Séphira* ; *Malkhout*.

שורש.
Shoresh
Chaque chose ou existence a sa racine dans les forces ou énergies supérieures.

שכינה
Shekhina
Présence divine.
Un des noms de D.

שכר
Sakhar
Récompense

La direction du monde est basée sur un système de justice, de récompense et de punition. Cette direction est exercée par les *Séphirot* linéaires.

שער.
Sha'ar
Porte

Entrée ou portique à une connaissance ou à une dimension de compréhension.

תא חזא
Ta 'Hazé
Viens voir, prête attention, expression fréquemment utilisée dans le Zohar.

תורה
Torah
La Kabbalah est l'explication mystique et ésotérique de la Torah. Tous les secrets profonds expliqués dans la Kabbalah, ont leurs références dans les lettres, les mots et les différentes histoires relatées dans la Torah.

תחית המתים
T'hiyat Hametim
Résurrection des morts
Objectif final des six mille ans.

.תיקון
Tikoun
Réparation ou rectification
En Hébreu, le mot « Tikoun » a différentes significations. Il peut être compris comme réparation ou rectification mais également comme fonction, relation ou action.

תפארת
Tiferet
Séphira (beauté)
Sixième des Séphirot.

.תפילה
Tefilah
Prière
Rituels journaliers établis selon un ordre précis afin de faire unir des lumières et configurations supérieurs. Cet ordre et basé sur les systèmes d'ascension et d'interactions des mondes, tel qu'expliqué dans la Kabbalah.

תפילות
Tefilot
Prières
Pluriel de *Tefilah*

תרי"ג
Taryag
613
Il y a 613 veines et os à l'homme. Pareillement, il y a 613 *Mitsvot*, 613 parties à l'âme, et 613 lumières dans chaque *Séphira* ou *Partsouf*, ce nombre n'est pas arbitraire, car il y a des interdépendances et des interactions importantes entre elles.

Bibliographie

Ram'hal

כללות האילן הקדוש
פתחי חכמה ודעת
קלח פתחי חכמה
כללים ראשונים
אדיר במרום

Ari Z'al

כתבי הארי
עץ חיים
שער רוח הקודש
שער הגלגולים

ספר הזהר
The Zohar
Rabbi Shim'on Bar Yo'hai

La Kabbalah du Ari Z'al selon le Ramhal
Rabbi Raphaël Afilalo, Editions Ramhal

Kabbalah Dictionary
Rabbi Raphaël Afilalo, Kabbalah Editions

Kabbalah concepts
Rabbi Raphaël Afilalo, Kabbalah Editions

דרך חכמת האמת לרמחל
Rav Mordekhai Chriqui, Editions Ramhal, Jerusalem

האילן הקדוש לרמחל
Rav Shalom Oulman (Jérusalem)

249

CONCEPTS DE KABBALAH

Tables

Âme	Monde
Ye'hidah	Atsilout
'Hayah	Atsilout
Neshama	Beriah
Roua'h	Yetsirah
Nefesh	'Asiah

Âme	Partsouf
Ye'hidah	Arikh Anpin
'Hayah	Abah
Neshama	Imah
Roua'h	Zeir Anpin
Nefesh	Nukvah

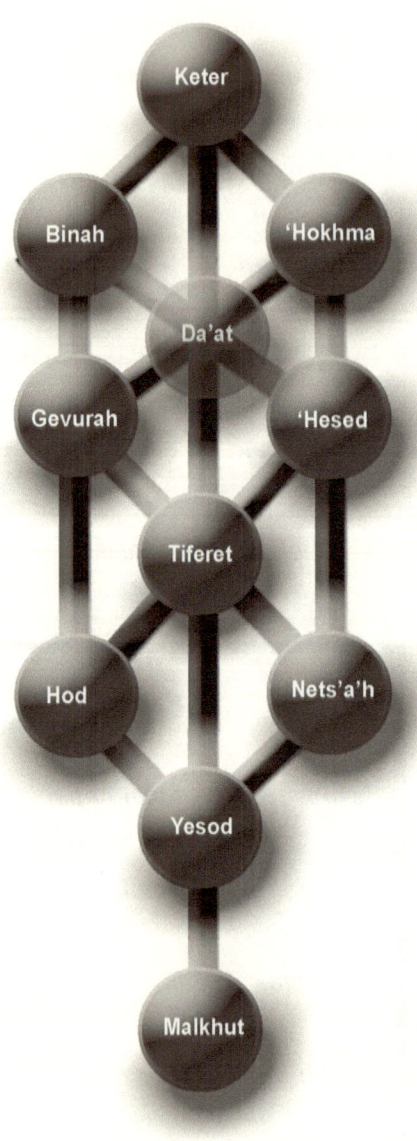

Séphira		Colonne	Position
Keter	Couronne	Miséricorde	Centre
'Hokhma	Sagesse	Bonté	Droite
Binah	Discernement	Rigueur	Gauche
Da'at	Connaissance	Miséricorde	Centre
'Hesed	Bonté	Bonté	Droite
Gevourah	Rigueur	Rigueur	Gauche
Tiferet	Beauté	Miséricorde	Centre
Netsa'h	Gloire	Bonté	Droite
Hod	Splendeur	Rigueur	Gauche
Yesod	Fondation	Miséricorde	Centre
Malkhout	Royauté	Miséricorde	Centre

Rigeur	*Miséricorde*	*Bonté*
	Keter Couronne	
Binah Discernement		*'Hokhma* Sagesse
	Da'at Connaissance	
Gevourah Rigueur		*'Hesed* Bonté
	Tiferet Beauté	
Hod Splendeur		*Netsa'h* Gloire
	Yesod Fondation	
	Malkhout Royauté	

Séphira	Metal	Direction
'Hesed	Argent	Sud
Gevourah	Or	Nord
Tiferet	Cuivre	Est
Netsa'h	Etain	Dessus
Hod	Plomb	Dessous
Yesod	Argent	Ouest
Malkhout	Fer	Centre

Séphira	Jour
'Hesed	Dimanche
Gevourah	Lundi
Tiferet	Mardi
Netsa'h	Mercredi
Hod	Jeudi
Yesod	Vendredi
Malkhout	Shabbat

254

Séphira	Planète
'Hesed	Lune
Gevourah	Mars
Tiferet	Soleil
Netsa'h	Venus
Hod	Mercure
Yesod	Saturne
Malkhout	Jupiter

Séphira	Correspondence Physique	Face
Keter	Tête	Tête
'Hokhma	Cerveau droit	Cerveau droit
Binah	Cerveau gauche	Cerveau gauche
'Hesed	Bras droit	Oeil droit
Gevourah	Bras gauche	Oreille droite
Tiferet	Corps	Narine droite
Netsa'h	Jambe droite	Oeil gauche
Hod	Jambe gauche	Oreille gauche
Yesod	Organe masculin	Narine gauche
Malkhout	Couronne sur l'organe masculin	Bouche

Séphira	Qualité
Keter	Ultime bonté pour tous, même aux non méritants.
'Hokhma	Bonté pour tous, même aux non méritants, mais moins que *Keter*, et pas toujours.
Binah	Bonté à tous, même aux non méritants, mais à partir d'elle, la rigueur commence.
Da'at	Fait l'équilibre entre *'Hokhma* et *Binah.*
'Hesed	Complète bonté, mais à qui le mérite.
Gevourah	Pleine rigueur à qui le mérite.
Tiferet	Bonté et fait l'équilibre entre la bonté et la rigueur.
Netsa'h	Bonté diminuée à qui le mérite.
Hod	Rigueur diminuée à qui le mérite.
Yesod	Fait l'équilibre entre *Séphira Netsa'h* et *Hod* pour la direction.
Malkhout	Traduit toutes les émanations supérieures en une qui soit reflétée à la création. C'est le lien ou le raccordement entre toutes les *Séphirot* et l'homme.

www.ingramcontent.com/pod-product-compliance
Lightning Source LLC
Chambersburg PA
CBHW020441130626
46549CB00001B/249